하루를 비추는 철학 수업

오늘은 프로이트

지그문트 프로이트

안이현 엮음

뜻있는책

저자 소개

지그문트 프로이트는 오스트리아 출신의 신경학자이자 정신분석학의 창시자로, 인간이 자기 자신을 이해하는 방식을 근본적으로 바꾼 사상가이다. 1856년 5월 6일, 당시 오스트리아 제국에 속했던 모라비아(현 체코)의 프라이베르크에서 유대인 가정의 장남으로 태어났다. 어린 시절부터 총명함을 인정받았던 그는 가족과 함께 빈으로 이주한 뒤, 생애 대부분을 그곳에서 보냈다.

1873년 빈 대학교에 입학한 프로이트는 처음에는 법학을 고려했으나, 곧 생리학과 신경과학으로 관심을 돌렸다. 1881년 의학 박사 학위를 취득한 후 본격적인 임상의 길에 들어섰고, 1885년에는 파리로 건너가 당대 최고의 신경학자 장 마르탱 샤르코에게 히스테리와 최면에 대해 배웠다. 이 경험은 훗날 그의 이론의 핵심을 이루는 무의식과 정신적 충동에 대한 통찰로 이어졌다.

1890년대, 빈에서 신경증 환자들을 치료하던 프로이트는 동료 요제프 브로이어와 함께 히스테리 환자들의 사례를 분석하며 새로운 치료법을 모색했다. 1895년 두 사람은 공동 저작 《히스테리 연구》를 발표했고, 1900년에는 프로이트 자신의 대표작이자 정신분석의 전환점이 된 《꿈의 해석》을 출간했다. 이 책은 꿈을 통해 무의식의 세계를 탐구할 수 있다는 혁명적 관점을 제시하며, 정신분석학의 시대를 열었다.

《꿈의 해석》 이후 프로이트의 정신분석학은 빈을 넘어 유럽 전역으로 확산되었다. 1902년부터 시작된 수요 모임은 1908년 정식으로 빈 정신분석학회로 발족했고, 1910년에는 국제정신분석학회가 설립되었다. 그러나 학문이 확대되면서 제자들과의 이론적 균열도 생겨났다. 알프레드 아들러는 1911년 학회를 떠나 개인심리학을 세웠고, 카를 융 역시 1914년 결별하며 분석심리학을 창시했다. 이러한 분열에도 불구하고 정신분석학은 다양한 갈래로 발전하며 20세기 사상계에 결정적 영향을 미쳤다.

프로이트는 무의식, 억압, 리비도, 자아·초자아·이드의 구조, 오이디푸스 콤플렉스, 쾌락 원칙과 현실 원칙, 죽음 본능 등 인간 심리를 이해하는 핵심 개념들을 체계화했다. 그의 이론은 심리학의 영역을 넘어 철학, 문학, 예술, 인류학, 사회학 전반에 심대한 영향을 미쳤으며, 인간 존재에 대한 근본적인 질문을 던지게 했다.

1938년, 나치 독일이 오스트리아를 합병하자 유대인이었던 프로이트는 가족과 함께 런던으로 망명했다. 이미 구강암으로 오랜 투병 생활을 하던 그는 이듬해인 1939년 9월 23일, 런던에서 83세의 나이로 생을 마감했다.

프로이트는 인간 정신의 어두운 심연을 들여다보려는 시도를 통해, 인간이 자기 자신을 새롭게 이해할 수 있는 통로를 제시했다. 그의 이론은 이후 수많은 비판과 논쟁에도 불구하고, 오늘날까지 현대 인문학과 심리학의 사유에 결정적 영향을 미치고 있다.

주요 저작 연표

연대	저작명
1895	히스테리 연구
1900	꿈의 해석
1901	일상생활의 정신병리학
1905	성욕에 관한 세 편의 에세이
1913	토템과 터부
1914	나르시시즘 서론
1915	억압에 관하여
1917	정신분석 입문 강의
1920	쾌락 원칙을 넘어서
1923	자아와 이드
1930	문명 속의 불만

들어가며

살아가면서 우리는 자주 자신에게 묻습니다. 왜 이런 감정이 드는 걸까. 왜 같은 실수를 반복하는 걸까. 왜 머리로는 알면서도 마음대로 되지 않는 걸까. 이런 질문들 앞에서 우리는 종종 막막해집니다. 답을 찾지 못한 채 그저 지나가기를 기다리거나, 성격 탓, 운명 탓으로 돌리곤 합니다.

자기 자신을 이해한다는 것은 생각보다 어려운 일입니다. 우리는 스스로를 가장 잘 안다고 믿지만, 정작 왜 그렇게 느끼고 행동하는지는 설명하지 못할 때가 많습니다. 현대 사회는 이 어려움을 더욱 가중시킵니다. 빠르게 변하는 환경 속에서 타인과 끊임없이 비교하게 되고, 관계는 복잡해지며, 마음 돌볼 여유는 줄어듭니다. 많은 사람이 철학과 심리학 책을 찾는 이유도 이 때문이 아닐까 생각합니다. 나는 왜 이런 사람인지, 이 감정은 어디서 오는 것인지, 어떻게 하면 같은 고통을 반복하지 않을 수 있는지. 이런 근본적인 질문들을 그 어느 때보다 자주 마주하고 있습니다. 자기 자신을 이해하려는 노력은 결국 더 나은 삶을 살기 위한 첫걸음입니다.

수많은 철학자와 심리학자가 인간의 마음을 탐구해왔습니

다. 그 중에서 지그문트 프로이트의 글을 엮기로 한 것은 그가 던진 질문들이 지금도 우리 삶과 맞닿아 있기 때문입니다. 프로이트는 인간 마음의 대부분이 의식 아래에 숨어 있다고 보았습니다. 우리가 인식하지 못하는 곳에서 감정과 행동이 결정된다는 것입니다. 이 '무의식'이라는 개념은 그의 사상의 중심에 있습니다. 프로이트의 이론은 때로 논쟁적이고 불편하게 느껴질 수 있습니다. 하지만 그 불편함에는 이유가 있습니다. 우리가 외면해온 내면의 진실과 마주하게 하기 때문입니다. 왜 특정 상황에서 유독 예민해지는지, 왜 비슷한 유형의 사람에게 반복해서 끌리는지, 왜 상처가 아물지 않고 계속 덧나는지. 프로이트는 이런 물음에 대한 실마리를 제공합니다.

이 책에는 『꿈의 해석』, 『정신분석 입문 강의』, 『일상생활의 정신병리학』, 『문명 속의 불만』, 『쾌락 원칙을 넘어서』 등 프로이트의 주요 저작과 논문에서 가져온 문장들을 엮었습니다. 프로이트의 생각을 통해 많은 분이 자신의 마음을 들여다보고, 오래된 감정의 뿌리를 발견하며, 반복되는 삶의 굴레에서 한 발짝 벗어나는 계기가 되기를 바랍니다.

※ 각 챕터 본문 말미의 '마무리 문장'은 원문의 뜻을 살려 현대적으로 풀어쓴 의역임을 밝힙니다.

※ 본문의 흐름과 독자의 이해를 돕기 위해 소제목을 임의로 추가하였습니다.

차례

제1부 무의식의 문을 열다

: 반복되는 선택의 근원

제2부 남겨진 흔적

: 지나간 것은 사라지지 않고 형태를 바꾼다

제3부 자아의 불안정
: 나는 왜 나를 온전히 통제하지 못하는가

제4부 우리는 문명 속에서 병든다
: 문명 속에서 살아간다는 것의 대가

제1부

무의식의 문을 열다

: 반복되는 선택의 근원

밤마다 찾아오는 무의식의 편지 | 실수는 우연이 아니라 고백이다 | 억압된 것은 반드시 돌아온다 | 불안의 목소리에 귀 기울이는 법 | 그림자를 인정할 때 비로소 자유로워진다 | 파괴의 에너지를 창조의 에너지로

밤마다 찾아오는 무의식의 편지

"꿈의 해석은 무의식적 정신 활동을 아는 왕도이다."

— 프로이트, 《꿈의 해석》

어젯밤 꾼 꿈을 기억하는가? 누군가에게 쫓기다 벼랑 끝에 몰린 꿈, 중요한 시험인데 아무것도 모르는 꿈, 이유 없이 옷을 입지 않은 채 사람들 앞에 서 있는 꿈 등등. 깨어나면 심장이 두근거리고 온몸에 식은땀이 흐른다. '휴, 꿈이었구나.' 안도하며 일어나 커피를 마시고 출근 준비를 하다 보면 금세 잊어버린다. 그저 뇌가 잠자는 동안 만들어낸 무작위한 이미지들이라고 대수롭지 않게 여긴다. 하지만 만약, 그 꿈들이 당신에게 뭔가를 말하려 했던 것이라면? 프로이트는 이 '하찮은' 꿈들의 비밀을 파헤쳤다. 1900년, 그는 『꿈의 해석』을 출간했다. 초판은 겨우 600부가 팔렸고, 학계는 냉소적이었다. '꿈을 연구한다고? 그건 과학이 아니라 미신이다.' 하지만 프로이트는 이 무가치하다고 여겨졌던 밤의 드라마가 사실은 우리 내면의 가장 깊은 곳에서 울려오는 목소리라는 것을 확신했다.

그전까지 사람들은 꿈을 기억할 가치가 없는 것으로 여겼고, 아침이 되면 빠르게 잊혀지는 흔적 없는 환영으로만 생각했다. 하지만 프로이트는 이 흔적들이 사실은 정교한 언어로 쓰인 무의식의 편지라는 진실을 밝혀냈다. 꿈은 무작위의 혼란이 아니라 의미로 가득 찬 메시지다. 우리가 그 언어를 읽을 수 있다면 우리는 자신조차 모르는 내면의 진실과 대면하게 된다. 꿈은 낮 동안 억압하고 외면했던 욕망, 두려움, 갈등이 검열을 피해 상징적으로 표현되는 유일한 통로다.

우리는 매일 밤 꿈을 꾼다. 때로는 생생하게 기억하고, 때로는 깨어나자마자 희미해져 안개처럼 사라져버린다. 하지만 그 꿈들은 절대 무의미하지 않다. 그 안에는 우리가 낮 동안 외면하고 부인했던 진실이 숨어 있다. 우리가 의식적으로는 받아들일 수 없는 욕망, 인정하고 싶지 않은 감정, 해결되지 않은 갈등이 상징과 은유의 옷을 입고 등장한다. 꿈은 우리 무의식이 보내는 암호화된 메시지다. 그 메시지는 직접적이고 노골적으로 표현될 수 없어서 우회적이고 상징적인 형태를 취한다. 꿈속에서 우리가 추락하는 것은 실제 추락에 대한 두려움이 아니라 통제력 상실에 대한 불안이다. 우리가 옷을 입지 않은 채 공공장소에 서 있는 꿈은 자신의 진짜 모습이 드러나는 것에 대한 공포와 수치심을 상징한다. 프로이트는 이러한 꿈의 상징들이 개인의 무의식적 갈등과 욕구를 정확하게 반영한다는 것을 발견했다.

꿈은 억압된 욕망의 위장된 충족이다. 낮 동안 우리는 사회의 규범과 도덕적 금기, 타인의 시선 때문에 자신의 진짜 욕망을 억누른다. 우리는 분노를 참고, 욕정을 숨기고, 공격성을 감추며, 의존적 욕구를 부인한다. 하지만 억압된 것은 사라지지 않는다. 그것은 무의식의 지하실에 축적되고, 밤이 되면 의식의 검열이 느슨해지는 틈을 타서 꿈이라는 무대 위로 올라온다. 물론 그대로의 모습으로는 등장할 수 없다. 프로이트가 '꿈 작업dream-work'이라 부른 정교한 변형 과정을 거쳐야 한다. 무의식은 검열을 피하기 위해 여러 가지 변장 기법을 사용한다. 여러 사람이 한 명으로 합쳐지거나 중요한 감정이 사소한 사건으로 바뀌거나 직접적인 욕망이 엉뚱한 상징으로 나타난다. 예를 들어, 상사에 대한 분노가 꿈에서는 거대한 곰과 싸우는 장면으로 나타날 수 있다. 그래서 꿈은 때로 기괴하고 비논리적이며 혼란스럽게 보인다. 하지만 그 혼란 속에 질서가 있고, 그 기괴함 속에 의미가 숨어 있다. 우리가 꿈에서 낯선 사람과 대화를 나눈다면 그 사람은 아마도 우리 자신의 다른 측면이거나 과거의 중요한 인물이 변형된 모습일 것이다.

꿈 작업을 시작하는 것은 어렵지 않다. 복잡한 이론이나 전문적 훈련이 필요하지 않다. 필요한 것은 관심과 인내뿐이다. 스마트폰의 음성 메모나 메모 앱을 활용해보자. 아침에 눈을 뜨는 순간, 몸을 일으키기 전에 떠오르는 이미지나 감정을 바로 기록하는 것이 좋다. 꿈은 움직이는 순간 빠르게 사라지기 때문이다. 기록할 때 한 가지 중요한 점이 있다. 아무리 이상하거나 당혹스럽거나 부끄러운 내용이라도 판단하지 말고 있는 그대로 적는 것이다. 처음에는 단편적이고 모호하게 느껴질 것이다. 하지만 한 달, 두 달 기록을 쌓다 보면 우리는 반복되는 주제, 상징, 감정의 패턴을 발견하게 된다. 같은 장소가 반복해서 나타나거나 비슷한 상황이 다른 형태로 되풀이되는 것을 보게 될 것이다. 그 패턴 속에서 우리 무의식이 계속해서 말하려 하는 메시지를 읽어낼 수 있다.

우리의 꿈은 우리만의 고유한 언어로 쓰여 있다. 꿈 사전이나 보편적 상징 해석은 제한적인 도움만 줄 뿐이다. 왜냐하면 같은 상징이라도 개인의 경험과 맥락에 따라 완전히 다른 의미를 가질 수 있기 때문이다. 어떤 사람에게 뱀은 위험과 공포를 상징하지만, 다른 사람에게는 변화와 재생을 의미할 수 있다. 물에 대한 꿈은 어떤 이에게는 어머니와 양육의 상징이지만, 다른 이에게는 익사의 공포와 연결될 수 있다. 따라서 우리는 우리 자신의 꿈 통역가가 되어야 한다. 프로이트도 꿈의 상징이 개인마다 다른 의미를 가질 수 있음을 강조했다. 보편적인 '꿈 해석 사전'에 의존하기보다는, 각자의 연상과 개인사를 통해 꿈을 이해해야 한다는 것이다. 꿈속 이미지를 보면서 그것이 우리에게 어떤 느낌을 주는지, 어떤 연상을 불러일으키는지 주의 깊게 관찰해보자. 꿈속 인물들은 누구를 떠올리게 하는가? 꿈속 장소는 우리의 과거 어떤 기억과 연결되는가? 꿈에서 느낀 감정은 최근 우리 일상에서 억눌렀던 어떤 감정과 닮았는가? 이러한 질문들을 통해 우리는 점차 자신만의 꿈 언어를 해독하게 된다.

꿈은 해결되지 않은 갈등을 다룬다. 낮 동안 우리가 회피하고 미뤘던 문제, 결정하지 못한 선택, 표현하지 못한 감정이 밤의 무대에서 재현된다. 우리가 반복적으로 쫓기는 꿈을 꾼다면, 그것은 현실에서 우리가 직면하기를 피하고 있는 무언가가 있다는 신호다. 시험을 보는데 준비가 되지 않았거나 답을 모르는 꿈은 무능력에 대한 두려움과 타인의 평가에 대한 불안을 반영한다. 사랑하는 사람을 잃어버리는 꿈은 분리 불안과 상실에 대한 공포를 표현한다. 이러한 반복되는 꿈들은 우리 무의식이 "이것을 봐라, 이것을 다루어라."라고 소리치는 것이다. 꿈은 문제를 해결해주지는 않지만 문제가 무엇인지 알려준다. 꿈을 통해 우리는 자신이 진짜로 두려워하는 것이 무엇인지, 진짜로 원하는 것이 무엇인지 발견할 수 있다. 그리고 그 발견 자체가 치유의 첫 단계다.

우리의 꿈은 현재의 삶뿐 아니라 과거의 상처도 말한다. 어린 시절의 트라우마, 초기 애착 관계의 패턴, 해결되지 않은 슬픔과 분노가 꿈속에서 재등장한다. 때로는 직접적으로, 때로는 변형된 형태로 나타난다. 우리가 어린아이로 돌아가 있는 꿈, 옛집이나 학교가 나오는 꿈, 오래전 떠나간 사람이 등장하는 꿈은 과거가 여전히 우리 무의식에 살아 있으며 현재에 영향을 미치고 있음을 보여준다. 이러한 꿈들은 고통스러울 수 있다. 깨어나면 슬픔이나 불안이 하루 종일 따라다닐 수 있다. 하지만 이것은 우리 정신이 과거를 처리하고 통합하려는 자연스러운 과정이다. 꿈은 심리적 소화 작용이다. 낮 동안의 경험과 과거의 기억을 씹고 분해하여 흡수 가능한 형태로 만든다. 이 과정을 의식적으로 지원해보자. 고통스러운 꿈을 기록하고, 그 안에 담긴 감정을 인정하고, 필요하다면 전문가와 함께 그 의미를 탐색해보는 것도 좋다.

꿈을 해석한다는 것은 그 꿈 하나가 무엇을 뜻하는지 알아내는 것만이 아니다. 장기적으로 꿈 일기를 작성하다 보면 우리는 자신의 내면 풍경의 전체 지도를 그릴 수 있게 된다. 반복되는 테마, 변화하는 패턴, 진화하는 상징들이 우리 정신의 역동을 보여준다. 어떤 시기에는 불안과 두려움이 지배적인 주제일 것이다. 다른 시기에는 관계와 친밀감에 대한 욕구가 두드러질 것이다. 또 다른 때에는 자기주장과 독립에 대한 갈등이 나타날 것이다. 이러한 변화는 우리의 심리적 성장과 삶의 국면 전환을 반영한다. 매일의 기록을 통해 우리는 자신의 정서적 기후를 이해하고, 다가오는 내적 폭풍을 미리 감지하고, 필요한 준비를 할 수 있다. 이것은 단지 흥미로운 심리학적 탐구가 아니라 실제 삶의 질을 향상시키는 실용적 도구다.

현대의 심리학 연구들은 프로이트의 통찰을 과학적으로 뒷받침한다. 신경과학자들은 꿈이 단순한 뇌의 착란이 아니라 낮 동안 쌓인 감정과 기억을 정리하는 중요한 작업이라는 것을 밝혀냈다. 흥미로운 점은 꿈꾸는 동안 우리 뇌의 감정을 담당하는 부분은 활발하게 작동하지만 논리적 판단을 하는 부분은 잠들어 있다는 사실이다. 마치 문지기가 자리를 비운 사이 지하실에 갇혀 있던 것들이 밖으로 나오는 것처럼, 이때 평소에 억눌렀던 감정과 기억이 의식의 표면으로 떠오를 수 있다. 연구들은 또한 꿈이 문제 해결, 창의성, 감정 조절에 중요한 역할을 한다는 것을 보여준다. 꿈을 기억하고 분석하는 사람들이 더 높은 정서 지능과 자기 인식을 가진다는 결과도 있다. 우리가 꿈을 외면하는 것은 뇌가 우리에게 제공하는 무료 치료 세션을 거부하는 것과 같다. 우리 정신은 이미 자가 치유 시스템을 갖추고 있다. 꿈은 그 시스템의 핵심 부분이다.

꿈은 또한 창조성의 원천이다. 역사상 많은 예술가, 작가, 과학자들이 꿈에서 영감을 얻었다. 1865년, 화학자 아우구스트 케쿨레는 벤젠의 분자 구조를 몇 년째 고민하고 있었다. 어느 날 벽난로 앞에서 졸다가 그는 꿈을 꾸었다. 뱀들이 서로의 꼬리를 물며 원을 그리는 꿈이었다. 깨어난 그는 직감했다. 벤젠이 고리 구조라는 것을. 이 발견은 유기화학에 혁명을 가져왔다. 수많은 예술 작품과 문학 작품이 꿈에서 탄생했다. 왜냐하면 꿈에서는 논리적 제약과 현실의 한계가 사라지고, 무의식의 창조적 잠재력이 자유롭게 펼쳐지기 때문이다. 꿈속에서 우리는 불가능한 것을 경험하고, 모순된 것을 결합하고, 새로운 연결을 만든다. 이러한 꿈의 창조성을 깨어있는 삶으로 가져올 수 있다. 예술적 표현뿐 아니라 일상의 문제해결에도 적용할 수 있다. 해결되지 않는 문제를 안고 잠자리에 들면 아침에 새로운 관점이나 해결책을 발견할 때가 있다. 이것은 꿈의 작업이 만든 결과다. 우리 무의식은 우리가 잠든 동안에도 계속 일하고 있다.

우리는 지금 이 순간에도 '나는 꿈을 기억하지 못한다' 거나 '내 꿈은 의미가 없다' 고 생각할 수 있다. 프로이트의 관점에서 보면 이것은 저항이다. 즉, 진실을 직면하지 않으려는 무의식적 방어다. 모든 사람은 매일 밤 꿈을 꾼다. 기억하지 못하는 것은 꾸지 않아서가 아니라 기억하지 않으려고 하기 때문이다. 왜냐하면 꿈의 내용이 때로 불편하고 위협적이기 때문이다. 꿈은 우리가 외면하고 싶은 것을 보여준다. 하지만 바로 그렇기 때문에 꿈을 봐야 한다. 가장 피하고 싶은 곳에 가장 중요한 진실이 숨어 있다. 우리 안의 저항을 인정해보자. 그리고 그 저항 너머로 나아가보자. 용기를 내어 자신의 꿈을 마주해보자. 그 안에서 우리는 진짜 자신을 만날 것이다.

꿈의 메시지는 즉각적이지 않을 수 있다. 어떤 꿈은 몇 달, 몇 년이 지나서야 그 의미가 분명해진다. 이것은 막막할 수 있지만 그 자체로 의미가 있다. 우리 정신은 우리가 받아들일 준비가 되었을 때만 진실을 드러낸다. 꿈은 강요하지 않는다. 기다린다. 인내심을 가져보자. 매일의 꿈 작업은 씨앗을 심는 것과 같다. 즉시 꽃이 피지 않아도 보이지 않는 곳에서 뿌리가 자라고 있다. 어느 날 갑자기 깨달음이 찾아올 것이다. '아, 그때 그 꿈이 이것을 말하고 있었구나.' 그 순간 우리는 자신의 무의식이 얼마나 지혜롭고 우리를 보호하려 했는지 알게 된다.

우리의 꿈은 우리만의 개인적 신화다. 그 안에는 우리 삶의 주제, 여정, 과제가 상징적으로 담겨 있다. 영웅의 여정, 추락과 상승, 죽음과 재생, 통합과 분열의 원형적 패턴이 개인적 이야기로 구현된다. 꿈을 통해 우리는 자신의 삶을 더 큰 서사 속에서 이해할 수 있다. 지금 겪는 고통이 변화를 위한 통과의례임을, 현재의 혼란이 새로운 질서를 위한 필수 과정임을 알 수 있다. 꿈은 우리에게 희망을 준다. 아무리 어두운 꿈이라도 그 안에는 변화의 가능성과 성장의 잠재력이 담겨 있다. 우리 무의식은 우리의 적이 아니라 가장 깊은 곳에서 우리를 돕는 동맹이다.

지금 이 순간부터 우리의 꿈을 새로운 눈으로 바라보면 어떨까. 꿈은 더 이상 무의미한 밤의 소음이 아니다. 그것은 우리 무의식이 보내는 편지이고, 우리 정신이 자신을 치유하려는 노력이며, 우리 영혼이 성장하려는 몸부림이다. 매일 밤 우리는 무의식의 세계로 여행을 떠난다. 그 여행에서 가져온 메시지를 소홀히 하지 않았으면 한다. 기록하고, 읽고, 생각하고, 느껴보자. 우리의 꿈과 대화를 나눠보는 것은 어떨까. 그것이 우리에게 무엇을 말하려 하는지 물어보고, 귀 기울여 보자. 꿈은 계속 말하고 있다. 다만 우리가 듣지 않았을 뿐이다. 오늘부터 듣기 시작해보자. 꿈은 무의식으로 가는 왕도이고, 우리는 지금 그 길 위에 서 있다. 한 걸음씩 걸어가다 보면 그 길은 우리를 우리 자신에게로 데려갈 것이다.

"꿈은 결코 사소한 것에
관심을 두지 않는다.
우리는 하찮은 일로
잠을 방해받지 않는다."

실수는 우연이 아니라 고백이다

"나는 외부의 우연은 믿지만,
내부의 심리적 우연은 믿지 않는다."

— 프로이트, 《일상생활의 정신병리학》

1897년 여름, 프로이트는 이탈리아 오르비에토 대성당에서 르네상스 화가 루카 시뇨렐리가 그린 '최후의 심판' 프레스코화를 보았다. 그는 그 작품에 깊이 감탄했고, 평생 본 예술 작품 중 가장 위대하다고 느꼈다. 그런데 1년 후, 기차 안에서 처음 만난 여행자와 대화하던 중 그 화가의 이름을 떠올리려 했지만 도무지 기억나지 않았다. 분명히 아는 이름인데 혀끝에서 맴돌기만 했다. 대신 '보티첼리', '볼트라피오'라는 엉뚱한 이름들이 떠올랐다. 이 사소한 망각이 프로이트를 며칠간 괴롭혔고, 그는 이 현상을 분석하기 시작했다. 왜 하필 그 이름만 잊어버렸을까? 결국 그는 놀라운 결론에 도달했다. 대화 직전에 들었던 환자의 자살 소식과 성(性)에 관한 이야기가 무의식적으로 '시뇨렐리'라는 이름과 연결되어 있었고, 마음이 그 고통스러운 생각을 피하려고 이름까지 함께 억압해버린 것이었다. 이 경험은 1901년《일상생활의 정신병리학》의 첫 장이 되었다. 프로이트는 이 책에서 우연한 실수는 존재하지 않는다고 선언했다. 우리가 일상에서 무심코 저지르는 사소한 실수들에는 모두 이유가 있다는 것이다. 중요한 약속을 깜빡 잊었을 때, 누군가의 이름을 잘못 불렀을 때, 문자를 엉뚱한 사람에게 보냈을 때, 그저 실수라고 넘기지만 그 순간 무의식은 정확하게 자신의 의도를 표현한 것일 수 있다. 우리는 실수를 부끄럽게 여기고 얼른 덮어버리려 하지만, 프로이트는 바로 그 실수 속에 진짜 마음이 숨어 있다고 보았다. 의식이 감히 드러내지 못하는 진실을, 무의식은 실수라는 형태로 세상에 내보낸다. 실수는 돌발적인 사고가 아니라 무의식이 보내는 메시지다.

아침에 출근 준비를 하던 우리는 중요한 회의 자료를 집에 두고 나온다. 회사에 도착해서야 깨닫고 당황하며 자신의 건망증을 탓하지만 프로이트라면 이렇게 물었을 것이다. '정말 그저 깜빡한 것일까?' 사실 그 회의가 너무나 부담스러웠다. 준비는 완벽하게 했지만 발표에 대한 두려움이 컸고 마음

한편으로는 회의가 취소되기를, 혹은 자신이 참석하지 않아도 되기를 은밀히 바랐다. 의식적으로는 절대 인정할 수 없는 소망이었지만 무의식은 그 바람을 정확하게 알고 있었다. 그래서 자료를 집에 두고 오게 만든 것이다. '실수'는 실은 무의식의 완벽한 성공이었을 수 있다. 이처럼 우리의 건망증 하나하나에는 의식이 부인하는 진짜 욕구가 숨어 있다.

말실수는 더욱 명확하게 무의식의 의도를 드러낸다. 프로이트는 이런 현상을 독일어로 '페엘라이스퉁Fehlleistung', 즉 '잘못된 수행'이라고 불렀다. 의도한 대로 하려다 '실패'했지만, 사실은 무의식이 원하는 대로 '성공'한 것이다. 오늘날 우리가 '프로이트적 실언Freudian slip'이라고 부르는 바로 그것이다. 프로이트의 책에는 흥미로운 사례가 등장한다. 어떤 여성이 지루한 대화를 나누던 손님을 겨우 현관까지 배웅했는데, 작별 인사로 '아침에(Vormittag) 댁에 계세요?'라고 물으려다 '입구에서(Vorzimmer) 댁에 계세요?'라고 말해버렸다. 그녀가 현관에 너무 오래 서서 지쳐 있었던 탓에 비슷하게 들리는 두 단어가 뒤바뀐 것이었다. 혹은 경쟁하던 동료의 승진 소식을 듣고 "축하드립니다"라고 말하려다 "유감입니다"라고 말해버린다면, 이는 단순한 실언이 아니라 질투심이 새어 나온 것이다. 무의식은 거짓말을 하지 않는다. 입은 실수했지만 마음은 정직했던 것이다.

일상에서 물건을 잃어버리는 행동 역시 깊은 무의식적 의미를 담고 있다. 연인이 선물한 반지를 자꾸만 잃어버리는 사람이 있다. 찾았다가도 또 어디엔가 두고 온다. 의식적으로는 그 반지를 소중히 여긴다고 생각하지만 무의식은 다른 이야기를 한다. 어쩌면 그 관계에 대해 양가감정을 느끼고 있거나 그 사람의 애정이 부담스럽거나, 혹은 그 관계를 끝내고 싶은 마음이 있을 수 있다. 의식은 그런 생각을 절대 인정하지 않지만, 무의식은 반지를 계속 잃어버리게 만들어 진짜 마음을 표현한다. 반대로 오래된 일기장이나 추억의 물건을 절대 잃어버리지 않는다면 그것은 그 과거에 여전히 강하게 집착하고 있다는 무의식의 신호다. 우리는 정말로 소중한 것은 잃어버리지 않고, 놓아주고 싶은 것은 '실수로' 잃어버린다.

시간에 대한 착오도 무의식의 명확한 메시지다. 치과 예약 시간을 자꾸 착각하는 사람이 있다. 오후 두 시인데 네 시로 기억하거나 아예 예약했다는 사실 자체를 잊어버린다. 표면적으로는 기억력 문제처럼 보이지만 실제로는 치과 가기를 두려워하는 마음이 시간 착오를 만들어낸 것이다. 혹은 평소 피하고 싶은 사람과의 약속 시간을 반복적으로 잊거나 착각한다면, 이는 무의식이 그 만남을 원하지 않는다는 분명한 표시다. 반대로 기대하고 고대하는 약속은 절대 잊지 않는다. 일주일 전부터 손꼽아 기다리고, 시간을 정확히 기억하며, 미리 준비한다. 우리의 기억과 시간 감각은 중립적이지 않다. 그것은 항상 욕구와 감정에 의해 선택적으로 작동한다.

사람들은 자신의 실수를 변명하며 여러 핑계를 댄다. 피곤해서, 바빠서, 정신이 없어서, 나이가 들어서라고 말한다. 하지만 프로이트는 이런 변명들이 무의식의 의도를 가리는 연막일 뿐이라고 지적했다. 정말로 피곤하다면 모든 것을 똑같이 잊어버려야 하는데, 왜 특정한 것만 잊어버리는가? 왜 친한 친구와의 약속은 기억하면서 싫어하는 상사와의 미팅은 잊어버리는가? 왜 좋아하는 일은 피곤해도 집중하면서 하기 싫은 일은 실수투성이인가? 이 선택성 자체가 무의식의 작동을 증명한다. 실수는 무작위가 아니라 매우 선택적이고 의도적이다. 무의식은 진짜로 원하는 것과 원하지 않는 것을 정확히 알고 있고, 그에 따라 행동을 조종한다.

문자 메시지를 잘못 보내는 실수는 현대인의 무의식을 들여다보는 창문이다. 동료에 대한 불평을 친구에게 보내려다 실수로 그 동료에게 직접 보낸다. 순간 심장이 멈출 듯 놀라 황급히 사과한다. 하지만 프로이트는 이것이 실수가 아니라고 말한다. 무의식은 그 동료에게 직접 불만을 표현하고 싶었고, 의식이 막고 있던 솔직한 대화를 강제로 시작한 것이다. 혹은 헤어진 연인에게 보낼 메시지를 작성하다가 보내지 않고 저장해두었는데, 며칠 후 실수로 전송 버튼을 누른다. 이것은 사고가 아니라 재결합하고 싶은 무의식의 간절한 소망이 만든 행동이다. 손가락이 실수한 것이 아니라 마음이 정확하게 원하는 것을 실행한 것이다.

물건을 떨어뜨리거나 깨뜨리는 행동에도 무의식의 메시지가 담겨 있다. 프로이트는 이런 사례들을 '증상적 행위symptomatic act'라고 불렀다. 겉보기에는 사소해 보이지만 실제로는 무의식의 의도가 담긴 행동이라는 뜻이다. 시어머니가 준 비싼 찻잔을 자꾸만 떨어뜨려 깨는 사람이 있다. 조심하려고 애쓰지만 어쩐지 그 찻잔만 유독 손에서 미끄러진다. 겉으로 보기엔 그저 불운이나 손놀림이 서툴러서 일어난 일 같지만, 무의식 속 시어머니에 대한 복잡한 감정이나 선물에 대한 부담감이 사고를 불러왔을 수 있다. 의식은 감히 그 찻잔을 버릴 수 없었지만 무의식은 떨어뜨림으로써 문제를 해결했다. 실수는 공격성을 안전하게 표현하는 방법일 수 있다.

비밀번호를 잊어버리는 현상도 흥미로운 무의식의 작동이다. 특정 계좌나 앱의 비밀번호를 자꾸 잊어버리는 사람이 있다. 몇 번이나 재설정하지만 또 잊는다. 다른 비밀번호들은 잘 기억하는데 유독 이것만 기억나지 않는다. 프로이트는 그 계좌나 앱에 접근하고 싶지 않은 무의식적 이유가 있을 수 있다고 말한다. 어쩌면 그 계좌에는 불안하게 만드는 재정 상태가 있거나 그 앱은 끊고 싶어 하는 중독과 연결되어 있을 수 있다. 무의식은 보호하기 위해, 혹은 진짜 욕구를 표현하기 위해 비밀번호를 지운다. 반대로 오래된 연인의 전화번호를 몇 년이 지나도 외우고 있다면 이는 그 관계를 여전히 놓지 못했다는 신호다. 우리는 기억하고 싶은 것을 기억하고, 잊고 싶은 것을 잊는다.

길을 잘못 드는 실수도 의미심장하다. 회사로 가다가 자꾸 엉뚱한 방향으로 가는 사람이 있다. 익숙한 길인데도 습관적으로 다른 곳으로 향한다. 혹은 출근길에 집으로 돌아가는 방향으로 운전한다. 그저 멍했던 게 아니라 회사에 가고 싶지 않고 집에 있고 싶다는 무의식의 소망이 드러난 것이다. 혹은 피하고 싶은 사람이 있는 장소를 우회하게 되거나 가고 싶은 곳으로 습관적으로 발걸음이 향한다면, 이 모든 것이 무의식의 안내다. 몸은 의식보다 진짜 마음을 더 잘 알고 있다. 발은 정말로 가고 싶은 곳을 향하고, 손은 정말로 원하는 것을 선택한다.

반복적으로 같은 실수를 한다면 특히 주목해야 한다. 한두 번의 실수는 해프닝처럼 보일 수 있지만, 같은 패턴의 실수가 반복된다면 이는 명백한 무의식의 메시지이다. 매번 중요한 서류를 늦게 제출하는 사람이 있다. 마감일을 알고 있고 미리 준비하려고 하지만 어쩐지 항상 기한을 넘긴다. 이는 그 일에 대한 저항감이나 권위에 대한 반항심이 있거나, 혹은 실패를 통해 무언가를 증명하려는 무의식적 욕구가 있음을 의미한다. 혹은 연애할 때마다 비슷한 시점에 같은 방식으로 관계를 망치는 실수를 한다면, 이는 친밀감에 대한 두려움이나 사랑받을 자격이 없다는 무의식적 믿음이 만든 자기 파괴 패턴이다. 반복되는 실수는 무의식이 보내는 가장 강력하고 일관된 신호다.

현대 사회는 실수를 용납하지 않는 완벽주의 문화를 조장한다. 사람들은 실수를 부끄럽게 여기고 빨리 은폐하려 한다. SNS에는 완벽한 모습만 올라오고 실수는 편집되어 사라진다. 하지만 프로이트는 실수야말로 가장 진실한 순간이라고 보았다. 의식적으로 연출하고 통제하는 모든 행동보다 얼결에 저지른 하나의 실수가 진짜 모습을 더 정확하게 드러낸다. 완벽하게 준비된 프레젠테이션보다 무심코 내뱉은 한마디가 진심을 보여준다. 신중하게 작성한 이메일보다 실수로 보낸 문자가 진짜 마음을 담고 있다. 실수를 부끄러워하기보다 오히려 그것을 자세히 들여다보자. 그 속에 진실이 있다.

실수를 인정하고 탐색하는 것은 용기가 필요한 일이다. 또 약속을 잊어버렸을 때, “내가 왜 이랬을까?”라고 자책하며 넘어가는 대신에 “내가 정말로 그 약속을 원했을까? 내 무의식은 무엇을 말하려는 걸까?”라고 스스로 물어보는 것도 좋다. 누군가의 이름을 잘못 불렀을 때 단순히 사과하고 끝내지 않고, “왜 하필 그 이름이었을까? 두 사람 사이에 무슨 연결이 있을까?”를 생각해볼 수 있다. 물건을 깨뜨렸을 때, "나 왜 이렇게 덤벙대지?"라고 자책하는 것이 아니라 "내가 정말로 그 물건을 간직하고 싶었을까? 그것과 연결된 감정이나 사람에 대해 어떤 마음을 가지고 있을까?"를 탐색해볼 수 있다. 이런 질문들이 진짜 자신에게 데려다준다.

실수를 기록하는 습관을 가져보는 것은 어떨까. 일주일 동안 저지른 모든 실수를 노트에 적어보는 것이다. 무엇을 잊어버렸는지, 어떤 말실수를 했는지, 무엇을 잘못 들었는지, 무엇을 떨어뜨렸는지, 어디로 잘못 갔는지를 기록한다. 그리고 일주일 후 그 목록을 펼쳐놓고 패턴을 찾아본다. 어떤 종류의 일을 자주 잊어버리는가? 어떤 사람과 관련된 실수가 잦은가? 어떤 상황에서 실수가 반복되는가? 이 패턴이 무의식이 보내는 메시지다. 회피하고 싶은 것, 저항하고 있는 것, 두려워하는 것, 혹은 은밀히 바라는 것이 그 패턴 속에 드러난다. 프로이트가 꿈을 '무의식으로 가는 왕도'라고 불렀듯이, 실수 일기도 무의식으로 가는 또 다른 길이 될 수 있다.

주변 사람들의 실수도 같은 방식으로 이해할 수 있다. 친구가 약속을 자주 잊는다면 단순히 바빠서가 아니라 관계에 거리를 두고 싶은 마음이 있을 수 있다. 연인이 기념일을 놓쳤다면 무심함보다는 그 관계에 대한 무의식적 불만이나 부담감 때문일 수 있다. 물론 이것을 직접적인 비난으로 사용해서는 안 된다. 하지만 타인의 반복적인 실수를 패턴으로 인식한다면 그 사람의 진짜 마음과 관계의 실제 상태를 더 정확하게 파악할 수 있다. 말은 거짓말할 수 있지만 실수는 거짓말하지 않는다. 사람들의 행동이 아니라 그들의 실수를 관찰하는 것이다. 그곳에 진실이 있을 수 있다.

실수를 두려워하지 않는 것이 좋다. 통제하고 의도한 모든 것은 의식적 자아만을 보여준다. 하지만 실수는 훨씬 더 깊고 진실한 자신, 자신도 모르는 자신을 드러낸다. 실수는 무의식이 의식의 검열을 뚫고 세상과 소통하는 순간이다. 그것은 억압된 욕구, 숨겨진 감정, 부인된 진실이 햇빛을 보는 순간이다. 완벽하게 통제된 삶은 의식의 감옥이다. 실수는 그 감옥의 틈새다. 그 틈새로 진짜 자신이 숨 쉬고, 말하고, 살아간다. 실수를 정직하게 바라보는 것, 그것이 진정한 자기 인식의 시작이다.

프로이트는 우연이란 없다고 단언했다. 우주의 모든 것이 인과 법칙을 따르듯, 인간의 정신 역시 엄격한 인과 법칙을 따른다. 모든 행동, 모든 생각, 모든 실수에는 반드시 원인이 있다. 그 원인이 의식에 있지 않다면 무의식에 있다. 이유를 모른다고 해서 이유가 없는 것이 아니다. 프로이트는 이렇게 썼다. "나는 외부의(실제적) 우연은 믿지만, 내부의(심리적) 우연은 믿지 않는다." 실수는 무작위 사건이 아니라 무의식이 쓴 정확한 각본이다. 그 각본을 읽어보는 것이다. 거기에 진짜 이야기가 있다. 의식적으로 쓰려는 이야기가 아니라 무의식적으로 살아가는 진짜 이야기가 있다.

오늘부터 실수에 주목해보자. 실수했을 때 황급히 덮고 변명하는 대신, 잠시 멈추고 스스로에게 물어보는 것이다. '내 무의식은 지금 무엇을 말하려는 걸까?' 그 질문이 진짜 자신에게 데려다줄 것이다. 실수는 적이 아니라 가장 정직한 친구다. 그것은 부인하고 억압하는 진실을 용감하게 세상에 드러낸다. 실수를 존중해보자. 그리고 그것을 탐색해보자. 그 속에서 의식이 결코 보여주지 않을 진짜 자신을 발견할 것이다. 실수는 실패가 아니라 발견이다. 무의식이 보내는 편지에 정말로 누구이고 무엇을 원하는지가 쓰여 있다.

"의식이 감히 말하지 못한 것을,

무의식은 실수라는 형태로

용감하게 세상에 내보낸다."

• 03 억압의 대가 •

억압된 것은 반드시 돌아온다

"억압의 본질은 무언가를 의식으로부터
외면하고 멀리 유지하는 것에 있다."

— 프로이트, 《억압에 관하여》

중요한 면접을 앞두고 원인 모를 두통에 시달린 적이 있는가? 병원에서는 아무 이상 없다고 하는데 분명 어딘가 아프다. 진통제를 먹어도 소용없고, 충분히 쉬어도 나아지지 않는다. 직장에서 상사에게 부당한 대우를 받았지만 참았다. "괜찮아, 별거 아니야."라고 스스로에게 말했다. 하지만 그날 밤부터 어깨가 굳고, 소화가 안 되고, 잠을 이루지 못한다. 우리는 이런 현상을 그저 '스트레스'라고 부르며 넘긴다. 하지만 프로이트는 여기서 인간 정신의 근본적인 법칙을 발견했다. 감정은 절대 사라지지 않는다는 것. 외면하고 억누른 것은 반드시 다른 모습으로 돌아온다는 것.

프로이트가 이 통찰에 이르기까지는 수많은 환자들과의 만남이 있었다. 19세기 말 빈에서 그는 기이한 증상을 호소하는 환자들을 만났다. 팔이 마비되었는데 신경학적으로는 아무 이상이 없는 사람, 목소리가 나오지 않는데 성대에는 문제가 없는 사람, 원인을 알 수 없는 경련에 시달리는 사람들이었다. 프로이트는 이들과 대화하면서 흥미로운 패턴을 발견했다. 환자들이 자유롭게 이야기할 때는 증상이 완화되었지만, 특정 주제에 다가가면 갑자기 말문이 막히거나 화제를 바꾸거나 몸이 경직되었다. 마치 마음 어딘가에서 '거기는 가지 마!'라고 외치는 것 같았다. 그리고 바로 그 회피하는 지점에 병의 핵심이 숨어 있었다. 환자들은 하나같이 분노, 슬픔, 두려움, 욕망 같은 고통스러운 감정을 단 한 번도 표현하지 못한 채 억눌러왔던 것이다. 그 감정들은 사라지지 않았다. 신체 증상으로 변형되어 돌아왔다. 프로이트는 이 경험을 통해 깨달았다. "억압된 것은 반드시 돌아온다."

이 발견은 인간 정신의 가장 근본적인 법칙을 담고 있다. 우리가 피하고 부정하고 억누르는 모든 것은 결코 사라지지 않는다. 그것들은 단지 다른 형태로 변장하여 우리 삶에 되돌아올 뿐이다. 우리가 감추려 했던 분노는 원인 모를 두통이 되어 나타나고, 외면했던 슬픔은 만성적인 피로감으로 우리를 찾아온다. 인정하지 않으려 했던 두려움은 불안 장애가 되어 우리 일상을 지배하기 시작한다. 억압은 해결책이 아니라 문제를 미루고 키우는 것일 뿐이다. 무의식은 우리가 외면한 감정을 잊지 않으며, 그것은 언제나 돌아와 우리에게 말을 걸 기회를 요구한다.

우리는 어릴 적부터 특정한 감정을 느끼지 말아야 한다고 배운다. '남자는 울면 안 돼', '착한 아이는 화를 내지 않아', '질투하는 건 나쁜 거야' 같은 말들이 우리의 무의식 깊은 곳에 자리 잡는다. 이런 메시지들은 단순한 조언이 아니라 우리 정신 구조를 형성하는 명령이 된다. 부모와 사회로부터 받아들여지고 사랑받기 위해 우리는 금지된 감정을 억압하는 법을 배운다. 분노, 질투, 성적 욕망, 슬픔, 두려움 같은 자연스러운 감정들이 점차 '나쁜 것', '느껴서는 안 되는 것'으로 낙인찍힌다. 그렇게 우리는 자신의 일부를 부정하고 억누르며 살아가기 시작한다. 이렇게 우리 마음속 깊은 곳에 불안, 우울, 강박 같은 심리적 문제의 씨앗이 심어진다.

억압의 메커니즘은 교묘하고 은밀하게 작동한다. 억압은

일종의 정신적 거래다. 고통스러운 것을 의식에서 추방함으로써 눈앞의 불안을 줄이지만, 그 대가로 막대한 심리적 에너지를 소모하며 평생 그 빚을 갚아야 한다. 우리는 화가 나지 않았다고, 괜찮다고, 아무렇지 않다고 스스로에게 말한다. 의식적으로는 정말로 그렇게 믿을 수도 있다. 하지만 무의식은 진실을 알고 있다. 억압된 감정은 의식의 표면에서 사라지지만 무의식의 지하실에 그대로 보존된다. 그곳에서 그것은 썩거나 증발하지 않고 오히려 발효되고 농축된다. 시간이 지나면서 축적된 억압된 감정들은 점점 더 큰 압력을 만들어낸다. 이 압력은 어딘가로 분출구를 찾아야 하고, 결국 우리가 예상치 못한 방식으로 터져 나온다. 갑작스러운 분노 폭발, 이유 없는 눈물, 설명할 수 없는 공포가 그것이다.

신체는 마음이 말하지 못한 것을 대신 말한다. 이것이 심리신체 증상의 본질이다. 프로이트는 이를 '전환 히스테리'라 불렀다. 정신적 갈등이 신체적 증상으로 '전환'된다는 의미다. 우리가 표현하지 못한 분노는 위궤양이나 고혈압으로 나타난다. 인정하지 않은 슬픔은 만성 통증과 소화 장애로 변형된다. 억눌린 불안은 심장 두근거림과 호흡 곤란으로 우리를 찾아온다. 의사는 아무런 이상을 발견하지 못하지만 우리의 고통은 실재한다. 왜냐하면 몸은 거짓말을 하지 않기 때문이다. 몸은 우리 무의식이 보내는 정직한 메신저다. 수많은 현대인이 원인 불명의 신체 증상으로 고통받는 이유가 바로 여기에 있다. 그들의 몸은 마음이 외면한 진실을 끊임없이 외치고 있는 것이다.

억압은 또한 행동의 왜곡으로 이어진다. 표현하지 못한 감정은 종종 전혀 다른 대상을 향해 분출된다. 직장 상사에게 느낀 분노를 집에 와서 배우자나 자녀에게 쏟아붓는다. 부모에 대한 억압된 원망이 모든 권위자에 대한 반항으로 나타난다. 프로이트는 이것을 '전치displacement'라고 불렀다. 감정이 원래의 대상에서 분리되어 더 안전한 대상으로 옮겨가는 현상이다. 더 나아가 억압된 감정은 그 반대편의 행동으로 위장하기도 한다. 이를 반동 형성이라 하는데, 싫어하는 사람에게 과도하게 친절하거나 두려운 것을 오히려 공격적으로 대하는 행동이 그 예다. 우리 행동이 왜 자신의 진짜 마음과 다른지 이해하지 못할 때, 억압이 작동하고 있다는 신호다.

현대 사회는 억압을 조장하는 거대한 시스템이다. '긍정적으로 생각하라', '감정적으로 행동하지 마라', '프로페셔

널해야 한다'는 메시지들이 우리를 끊임없이 압박한다. 직장에서는 화를 내거나 슬픔을 표현하는 것이 약함의 증거로 여겨진다. SNS에서는 항상 행복하고 성공한 모습만을 보여주어야 한다는 암묵적 압력이 존재한다. 우리는 부정적 감정을 느끼는 것 자체를 실패로 받아들이도록 길들여진다. 그 결과 현대인은 점점 더 자신의 진짜 감정으로부터 단절되어 간다. 우울증과 불안 장애가 폭발적으로 증가하는 데에는 명확한 이유가 있다. 그것은 집단적 억압이 만들어낸 필연적 결과다.

억압된 감정은 관계를 파괴한다. 우리가 동료에게 솔직하게 표현하지 못한 불만은 냉담함과 거리감으로 변한다. 친구에게 말하지 못한 섭섭함은 관계를 점진적으로 단절시킨다. 가족 내에서 금기시된 감정들은 세대를 넘어 전수되며 반복된다. 진정한 친밀감은 취약함을 드러내고 진짜 감정을 나눌 때만 가능하다. 그러나 억압에 익숙한 사람은 이 진정성을 두려워한다. 상대가 자신의 '나쁜' 감정을 알게 되면 거부당할 것이라는 공포가 작동하기 때문이다. 그래서 우리는 가면을 쓰고 살아가며 결국 진정으로 이해받고 사랑받는 경험에서 멀어진다. 억압은 우리를 고립시키는 가장 효과적인 메커니즘이다.

억압의 악순환을 끊기 위한 첫걸음은 인정이다. 우리가 느끼는 모든 감정은 그 자체로 정당하다. 분노를 느끼는 것은 나쁜 사람을 만드는 것이 아니다. 질투를 느끼는 것이 비열한 것이 아니다. 슬픔을 느끼는 것이 약한 것이 아니다. 감정은 단지 감정일 뿐이며 우리라는 존재의 자연스러운 일부다. 감정 그 자체와 감정에 기반한 행동은 전혀 다른 것이다. 화를 느낀다고 해서 반드시 폭력을 행사하는 것은 아니다. 슬프다고 해서 영원히 무기력에 빠지는 것도 아니다. 감정을 인정하는 것은 오히려 그것을 건설적으로 다룰 수 있는 힘을 준다. 이러한 감정을 부정하고 억압할 때 감정은 우리를 지배하지만, 인정하고 직면할 때 우리가 감정을 다스릴 수 있다.

감정을 표현하는 능력은 반드시 배워야 하는 기술이다. 많은 사람이 감정 표현을 폭발이나 억압의 양극단으로만 이해한다. 그러나 건강한 감정 표현은 그 사이 어딘가에 존재한다. 이것은 자신의 감정을 정확히 명명하고, 그것이 왜 생겼는지 이해하며, 적절한 방식으로 소통하는 과정이다. "나는 지금 화가 난다. 왜냐하면 내 의견이 무시되었다고 느꼈기 때문이다."라고 말하는 것은 소리를 지르거나 침묵하는 것과는 완전히 다르다. 이런 표현은 상대를 공격하지 않으면서도 자신의 경계를 분명히 한다. 우리 감정을 언어로 정확히 표현할 수 있을 때, 그것은 더 이상 무의식 속에서 썩을 필요가 없다. 말해진 것은 이미 해소되기 시작한다.

아무도 보지 않는 일기장에 우리의 솔직한 감정을 쏟아내 보는 것은 어떨까. 검열하지 말고, 판단하지 말고, 있는 그대로 써 내려가 보자. '나는 질투한다', '나는 두렵다', '나는 분노한다'고 쓰는 순간, 그 감정은 무의식의 어둠에서 의식의 빛으로 나온다. 1986년, 심리학자 제임스 페니베이커는 획기적인 실험을 진행했다. 그는 참가자들에게 15분 동안 자신의 트라우마와 감정을 글로 쓰게 했다. 단 4일간의 글쓰기였지만 몇 달 후 추적 조사 결과는 놀라웠다. 글을 쓴 사람들은 병원 방문 횟수가 줄었고, 면역 기능이 강화되었으며, 심리적 안녕감이 증가했다. 글쓰기는 우리에게 자신의 감정을 관찰자의 시점에서 바라볼 기회를 준다. 감정에 압도되지 않으면서도 그것을 완전히 인정하는 이 역설적 상태가 바로 치유의 공간이다.

신뢰할 수 있는 사람과의 대화는 억압을 풀어내는 또 다른 핵심이다. 우리 감정을 판단하지 않고 들어줄 수 있는 친구, 가족, 상담사를 찾아보는 것은 어떨까. 비밀스럽고 수치스럽게 느껴졌던 것을 소리 내어 말할 때, 그것은 힘을 잃기 시작한다. 타인의 공감과 이해는 우리가 느끼는 감정이 비정상적이거나 끔찍한 것이 아니라는 것을 확인시켜 준다. 이 확인의 경험은 놀라울 만큼 치유적이다. 혼자 끙끙 앓던 문제가 누군가에게 말하는 순간 갑자기 견딜 만해진다. 이것이 심리치료가 작동하는 근본 원리다. 말할 수 없었던 것을 말할 수 있게 되는 것, 그 자체가 이미 치유다.

신체를 통한 감정 해소도 중요하다. 감정은 단지 심리적 현상만이 아니라 생리적 각성 상태이기도 하다. 억압된 감정은 몸속에 긴장과 에너지로 축적된다. 운동, 춤, 요가 같은 신체 활동은 이 축적된 에너지를 건강하게 방출할 통로를 제공한다. 격렬한 운동 후 마음이 가벼워지는 것은 엔도르핀 분비 때문만이 아니다. 몸에 갇혀 있던 감정적 에너지가 움직임을 통해 해소되기 때문이다. 심호흡, 명상, 마사지 같은 이완 기법들도 만성적으로 긴장된 몸과 마음을 풀어주는 데 효과적이다. 몸과 마음은 분리되어 있지 않다. 몸을 돌보는 것은 곧 마음을 돌보는 것이다.

예술적 표현은 언어로 담을 수 없는 감정을 다루는 독특한 방법이다. 그림을 그리거나, 음악을 만들거나, 춤을 추는 것은 억압된 무의식의 내용물을 상징적으로 외부화한다. 예술은 검열을 피하여 직접 무의식과 대화할 수 있게 한다. 우리가 전문 예술가일 필요는 없다. 서툴고 어설프더라도 자신의 감정을 색깔로, 소리로, 움직임으로 표현해 보면 어떨까. 이 과정 자체가 카타르시스를 제공한다. 많은 위대한 예술 작품이 예술가의 억압된 고통과 갈등에서 탄생한다. 이는 승화된 감정이 아름다움으로 변형될 수 있다는 사실을 잘 보여준다.

감정을 인정한다는 것은 그것에 따라 행동해야 한다는 의미가 아니다. 이것은 매우 중요한 구별이다. 우리는 상사에게 화가 날 수 있지만 그의 얼굴에 주먹을 날릴 필요는 없다. 슬픔을 느낀다고 해서 모든 책임을 포기할 필요도 없다. 감정을 인정하는 것은 그것의 존재를 허용하고 이해하는 것이다. 그 다음 단계는 성숙한 자아가 현실 원칙에 따라 어떻게 대응할지 선택하는 것이다. 이 공간, 즉 감정을 느끼는 것과 행동 사이의 공간이야말로 자유가 존재하는 곳이다. 억압은 이 공간을 없애버린다. 감정 인정은 이 공간을 확장한다.

우리가 억압하는 것은 무엇일까? 스스로에게 정직하게 물어보자. 어떤 감정을 느낄 때 가장 불편한가? 어떤 욕구를 인정하기 가장 힘든가? 우리가 가장 부정하고 싶은 자기 모습은 무엇인가? 이 질문들 앞에서 느껴지는 저항과 불편함이 바로 억압이 작동하는 지점이다. 그곳으로 용기를 내어 들어가 보자. 어둠 속에 가두어진 것을 빛으로 끌어내 보자. 우리가 회피하고 부정하는 그것이야말로 우리의 성장과 치유가 기다리고 있는 장소다. 억압된 것은 반드시 돌아온다는 프로이트의 통찰을 기억해보자. 그렇다면 그것이 증상과 고통으로 돌아오게 하지 말고 의식적 인정과 통합의 기회로 맞이해보자.

억압에서 벗어나는 여정은 쉽지 않다. 오랜 세월 쌓인 방어 기제를 해체하는 것은 때로 고통스럽다. 우리는 두려움, 수치심, 죄책감과 마주해야 할 것이다. 이것이 바로 많은 사람이 억압을 계속 선택하는 이유다. 프로이트는 환자의 '저항'이 치료의 가장 큰 장애물이라고 지적했다. 이는 고통스러운 진실로부터 도망치려는 무의식의 힘을 뜻한다. 직면하는 것보다 회피하는 것이 당장은 더 쉽게 느껴지기 때문이다. 그러나 이것은 착각이다. 억압의 대가는 시간이 지날수록 기하급수적으로 증가한다. 지금 느끼는 불편함을 회피하는 대가로 우리는 미래의 더 큰 고통을 예약하는 것이다. 반면 지금 용기를 내어 직면한다면 우리는 자유를 향한 길을 걷기 시작하는 것이다.

자기 연민을 가져보자. 우리가 억압해 온 것에는 이유가 있다. 그것은 우리가 약해서가 아니라 생존하는 데 필요했기 때문이다. 어린 시절 우리에게는 감정을 억압하는 것 외에 다른 선택지가 없었을 수 있다. 부모의 사랑과 인정을 받기 위해, 또는 거부와 처벌을 피하기 위해 우리는 자신의 일부를 숨겨야 했다. 그것은 그 순간 최선의 대처였다. 그러나 지금은 다르다. 우리는 더 이상 무력한 아이가 아니다. 우리에게는 이제 선택권이 있다. 과거에 필요했던 방어 기제가 현재에는 족쇄가 되었다는 것을 인식해보자. 그리고 그것을 놓아줄 용기를 가져보자.

억압에서 벗어나는 일은 나 혼자만을 위한 것이 아니다. 감정을 건강하게 다루는 법을 배우면 그 영향은 주변으로 번져간다. 아이들은 감정을 억누르지 않는 어른을 보며 자라고, 가까운 사람들은 진짜 친밀함을 경험한다. 친구들과는 더 깊은 감정으로 연결된다. 한 사람의 치유는 관계의 치유로 이어지고, 관계의 치유는 공동체의 치유로 확장된다. 우리가 억압의 사슬을 끊을 때, 우리는 세대 간 전승되는 감정적 패턴의 고리도 끊는 것이다. 이것은 개인 차원을 넘어서는 일이다.

억압된 것은 반드시 돌아온다. 이것은 경고이자 동시에 약속이다. 경고는 이것을 뜻한다. 우리가 외면한 것은 사라지지 않으며, 예상치 못한 순간에 예상치 못한 방식으로 우리를 습격할 것이다. 그러나 약속도 있다. 억압된 것이 돌아온다는 것은 그것을 다시 만날 기회가 온다는 의미이기도 하다. 증상으로 나타난 억압된 감정은 우리에게 말을 건다. '나를 봐주세요. 나의 이야기를 들어주세요. 나를 인정해 주세요.' 이 제안을 받아들여보자. 증상을 적으로 보지 말고, 우리 무의식이 보내는 메시지로 이해해보자. 우리를 괴롭히는 그것이 실은 우리를 치유하려는 시도일 수 있다.

프로이트는 치료의 목표를 이렇게 정의했다. "히스테리적 비참함을 일상적 불행으로 바꾸는 것." 완벽한 행복이 아니라, 살아갈 만한 삶으로의 전환 말이다. 진정한 강함은 감정을 억압하는 능력이 아니라 감정을 있는 그대로 느끼고 표현하는 용기다. 취약함을 드러내는 것이 약함이 아니라 진정성이다. 우리의 모든 감정, 우리의 빛과 그림자, 우리의 환희와 고통을 온전히 포용해보자. 그때 비로소 우리는 완전한 인간이 된다. 억압은 우리를 부분적 존재로 만들지만, 통합은 우리를 전체로 회복시킨다. 억압의 대가는 너무 크다. 그것은 우리의 건강, 관계, 행복, 그리고 궁극적으로는 우리 자신이다. 더 이상 그 대가를 치르지 않았으면 한다. 지금 이 순간부터 우리 감정과 화해해보자. 억압된 것을 해방시켜보자. 그것이 우리를 자유롭게 할 것이다.

"표현되지 않은 감정은
절대 사라지지 않는다.
그것은 산 채로 묻히고,
나중에 더 추한 모습으로 다시 나타난다."

• 04 불안의 신호 •

불안의 목소리에 귀 기울이는 법

"불안은 위험에 대한 반응으로서 신호의 기능을 한다."

— 지그문트 프로이트, 《억제, 증상 그리고 불안》

우리는 불안을 무조건 제거해야 할 부정적 감정으로 여기며, 신경안정제를 처방받고 명상 앱을 내려받으며 불안으로부터 도망치는 데 급급하다. 불안이 찾아오면 무언가 잘못되었다고 생각하며 두려워하고, 그것을 빨리 없애기 위해 온갖 방법을 동원한다. 하지만 프로이트의 생각은 달랐다. 그는 불안을 '위험에 대한 신호'라고 정의했다. 불안은 자아가 우리를 보호하기 위해 보내는 경보 시스템이라는 것이다. 불안이 그저 제거해야 할 문제가 아니며 오히려 우리의 정신이 제대로 작동하고 있다는 증거다. 불안이 없다면 우리는 더 큰 위험에 무방비로 노출될 수밖에 없다. 불안을 적으로 취급하는 것이 아니라 동맹으로 받아들이는 관점의 전환이 필요하다.

프로이트가 제시한 정신 구조에서 불안은 자아가 위협을 감지했을 때 자동으로 작동하는 보호 장치다. 자아는 이드의 원초적 충동, 초자아의 도덕적 명령, 외부 현실의 요구 사이에서 끊임없이 균형을 잡으려 노력하는 정신의 집행 기관이다. 이 과정에서 자아는 세 방향에서 오는 위협을 감지하고 모니터링하는데, 어떤 위협이 감지되면 즉시 불안이라는 경고 신호를 발동한다. 이것은 화재경보기가 연기를 감지하면 경보음을 울리는 것과 같은 원리다. 경보음이 귀에 거슬린다고 해서 화재경보기를 없애는 것이 어리석은 행동인 것처럼, 불안이 불편하다고 해서 그것을 무조건 억압하거나 회피하는 것 역시 위험한 선택이다. 자아는 '불안의 본거지'다. 불안은 자아가 '지금 무언가 주의가 필요하다'고 말하는 목소리이며, 이 신호를 무시하면 더 심각한 문제가 발생할 수 있다.

프로이트는 위협이 어디서 오는가에 따라서 불안을 세 가지 유형으로 분류했다. 첫 번째는 '현실 불안'으로, 이것은 외부 세계의 실제적이고 객관적인 위험에 대한 반응이다. 시험이 다가오거나 중요한 발표를 앞두거나 경제적 어려움에 직면했을 때 느끼는 불안이 여기에 해당한다. 이러한 불안은 가장 합리적이고 적응적인 형태의 불안으로, 우리가 현실의 위험에 대비하고 적절히 대응하도록 동기를 부여한다. 시험 불안이 있기에 우리는 공부를 하고, 경제적 불안이 있기에 저축을 하며, 건강 불안이 있기에 병원을 찾는다. 현실 불안이 없는 사람은 위험을 인식하지 못하고 무모한 행동을 하다가 실제로 큰 피해를 보게 된다. 따라서 적절한 수준의 현실 불안은 생존과 적응에 필수적인 감정이며, 이것을 완전히 제거하려는 시도는 오히려 해로울 수 있다.

두 번째는 '신경증적 불안'으로, 이것은 무의식 속 이드의 본능적 충동이 통제를 벗어나 의식으로 터져 나올 것에 대한 두려움에서 발생한다. 자아는 억압된 성적 욕망이나 공격적 충동이 의식의 표면으로 떠올라 자신이 감당할 수 없는 상황으로 벗어날 것을 두려워한다. 예를 들어, 갑자기 이유 없이 공황 상태에 빠지거나 특정 상황에서 설명할 수 없는 강렬한 불안을 느끼거나, 혹은 사람들 앞에서 자신이 통제력을 잃을 것 같은 공포를 경험하는 것들이 신경증적 불안의 표현이다. 이러한 불안의 근원은 외부가 아니라 내부에 있으며 자신도 모르는 무의식의 욕망과 충동이 자아를 위협하고 있다는 신호다. 많은 현대인들이 겉으로는 아무 문제가 없어 보이는

데도 원인 모를 불안에 시달리는 이유가 여기에 있다. 이들의 불안은 외부 현실의 위협이 아니라 억압된 내면의 갈등에서 비롯된 것이다.

세 번째는 '도덕적 불안'으로, 이것은 초자아의 처벌에 대한 두려움에서 발생한다. 초자아는 우리 내면에 자리 잡은 도덕적 감시자이자 판사다. 우리가 초자아의 기준에 어긋나는 생각이나 행동을 하려고 할 때, 자아는 초자아의 처벌과 비난을 예상하며 불안을 느낀다. 이것이 우리가 경험하는 죄책감, 수치심, 양심의 가책이다. 누군가를 미워할 때, 부도덕한 생각이 떠오를 때, 사회적 규범을 어기고 싶은 욕구가 생길 때 느끼는 불편함과 불안이 바로 도덕적 불안이다. 이러한 불안은 우리를 사회적으로 수용 가능한 범위 안에 머물게 하는 기능을 하지만, 지나치게 엄격한 초자아를 가진 사람은 과도한 도덕적 불안에 시달리며 자기 자신을 끊임없이 처벌하고 학대한다. 완벽주의자들이 작은 실수에도 극심한 불안과 자책감을 느끼는 것은 가혹한 초자아가 만들어내는 도덕적 불안 때문이다.

이 세 가지 불안은 각각 다른 근원을 품고 있지만 모두 자아가 우리를 보호하기 위해 보내는 신호라는 공통점이 있다. 현실 불안은 '저 위험을 조심하라' 고 경고하고, 신경증적 불안은 '네 내면에 해결되지 않은 갈등이 있다' 고 알려주며, 도덕적 불안은 '그 행동은 네 가치관에 어긋난다' 라고 제동을 건다. 이 신호들을 무시하거나 억압하는 것은 마치 계기판의 경고등이 켜졌는데 전구를 빼버리는 것과 같다. 경고등을 없애도 실제 문제는 그대로 남아 있으며, 오히려 더 악화될 뿐이다. 불안을 느끼는 것 자체가 문제가 아니라 불안이 전하는 메시지를 듣지 않고 회피하는 것이 진짜 문제다. 불안을 제거하려고 애쓰는 대신에 불안이 무엇을 말하려고 하는지 귀 기울여보자.

현대 사회는 불안을 병리적인 것으로 취급하며 빠르게 제거해야 할 증상으로 규정한다. 제약 회사는 불안을 없애주는 약을 광고하고, 자기개발 산업은 불안 없는 삶을 약속하며, SNS는 항상 행복하고 평온해 보이는 삶을 이상으로 제시한다. 그러나 이러한 문화는 불안의 진짜 기능과 의미를 이해하지 못한 채 표면적 증상만을 없애려는 시도다. 불안을 억압하고 회피하면 당장은 편해질 수 있지만, 억압된 불안은 무의식 속으로 가라앉아 다른 형태의 증상으로 전환된다. 프로이트가 발견한 가장 중요한 사실 중 하나는 억압된 것은 절대 사라지지 않고 반드시 돌아온다는 것이다. 의식적으로 느끼지 않으려고 애쓴 불안은 신체 증상으로 나타나거나 강박 행동으로 표현된다. 나아가 공포증으로 변형되거나 우울증으로 전환되기도 한다. 원인 모를 두통, 소화 장애, 불면증, 만성 피로가 실제로는 억압된 불안의 신체적 표현인 경우가 많다.

불안을 회피하는 또 다른 방식은 중독이다. 알코올, 약물, 쇼핑, 게임, 일 중독은 모두 불안을 느끼지 않기 위한 도피처가 될 수 있다. 불안이 찾아올 때마다 술을 마시거나 물건을 사거나 게임에 몰두하면 순간적으로는 불안이 가라앉는 것처럼 느껴진다. 그러나 이것은 불안의 근원을 해결한 것이 아니라 단지 주의를 다른 곳으로 돌린 것에 불과하다. 중독적 행동이 끝나고 나면 불안은 다시 돌아오고, 오히려 중독이라는 새로운 문제가 더해진다. 많은 현대인들이 끊임없이 바쁘게 움직이고, SNS를 확인하고, 자극적인 콘텐츠를 소비하는 이유는 멈추면 불안이 찾아오기 때문이다. 그들은 조용히 혼자 있는 시간을 견디지 못하고 항상 무언가에 몰두해야만 안정감을 느낀다. 이것은 불안을 다루는 것이 아니라 불안으로부터 도망치는 것이며, 결국 불안의 힘은 더 커질 뿐이다.

진정으로 불안을 다루는 방법은 불안을 직면하고 그 의미를 이해하는 것이다. 불안이 찾아왔을 때 즉각적으로 없애려 하지 말고, 잠시 멈추어 그 불안이 무엇을 말하려고 하는지 질문해보는 것이다. '나는 지금 무엇을 두려워하고 있는가? 이 불안은 외부의 실제 위험 때문인가, 아니면 내면의 억압된 갈등 때문인가? 내 초자아가 나를 과도하게 처벌하고 있는 것은 아닌가?" 이러한 질문을 통해 우리는 불안의 진짜 근원을 파악할 수 있다. 시험이 다가와서 느끼는 불안이라면 그것은 합리적인 현실 불안이며 적절한 준비를 통해 대응할 수 있다. 그러나 모든 것이 잘 되고 있는데도 막연한 불안에 시달린다면, 그것은 무의식의 갈등이나 해결되지 않은 과거의 트라우마가 보내는 신호일 수 있다. 작은 실수에도 극심한 불안을 느낀다면 지나치게 가혹한 초자아가 자신을 괴롭히고 있다는 증거다.

불안의 근원을 이해하고 나면 그것에 적절히 대응할 수 있다. 현실 불안에는 현실적 준비와 대처로 응답하고, 신경증적 불안에는 무의식의 갈등을 의식화하는 작업으로 접근하며, 도덕적 불안에는 초자아를 완화하고 자기 자신을 용서하는 과정이 필요하다. 불안을 제거하려고만 하지 말고, 불안이 전하는 메시지를 이해하고 그 근원적 문제를 해결하려고 노력해보자. 이것은 불안과의 전쟁이 아니라 불안과의 대화다. 불안은 우리의 적이 아니라 우리를 보호하려는 내면의 목소리이며, 그 목소리에 귀 기울이는 것이 성숙한 자아의 태도다. 불안을 느낄 수 있다는 것은 우리의 정신이 제대로 작동하고 있다는 증거이자 건강한 자아의 표시다.

프로이트는 불안이 없는 삶이란 존재하지 않으며, 존재해서도 안 된다고 보았다. 살아 있다는 것은 끊임없이 변화하는 내외부 환경에 적응하고 대응하는 것이며, 이 과정에서 불안은 필연적으로 발생한다. 새로운 도전을 앞두고 중요한 결정을 내려야 할 때나 관계의 변화를 겪을 때, 우리는 당연히 불안을 느낀다. 이것은 비정상적인 것이 아니라 정상적이고 자연스러운 반응이다. 불안을 전혀 느끼지 않는다면 그것은 오히려 자아가 제대로 기능하지 못하고 있거나 위험을 감지할 수 있는 능력이 손상되었다는 의미일 수 있다. 적절한 불안은 우리를 성장시키고, 새로운 가능성을 탐색하게 하며, 더 나은 사람이 되도록 자극한다. 불안이 없다면 우리는 안전지대에 안주하며 아무런 도전도 하지 않을 것이다.

불안과 건강하게 관계 맺는 법을 배우는 것이 현대인이 갖춰야 할 중요한 심리적 능력이다. 불안을 느낄 때 스스로에게 '이것은 잘못된 것이 아니다. 내 자아가 나를 보호하기 위해 경고 신호를 보내는 것이다'라고 말해보는 것은 어떨까. 불안을 병리적인 것으로 규정하며 자책하지 말고, 자연스러운 감정으로 받아들이고 그 의미를 탐색해보자. 불안을 억압하거나 회피하지 말고 직면하되 불안에 압도되지 않도록 적절한 거리를 유지하는 균형감이 필요하다. 마치 파도를 타는 것처럼 말이다. 파도를 피하려고 하면 더 큰 파도에 휩쓸리고, 파도에 정면으로 맞서면 넘어지지만, 파도의 흐름을 읽고 그것과 함께 움직이면 균형을 잡고 나아갈 수 있다.

불안을 다루는 구체적 방법으로 프로이트는 언어화의 힘을 강조했다. 정신분석의 핵심 원리가 바로 '말하는 치료'였다. 불안을 느낄 때 그것을 말로 표현하고 글로 쓰는 것은 그 자체로 치유적 효과가 있다. 막연하고 압도적으로 느껴지던 불안이 언어로 형태를 갖추면 다루기 쉬운 것으로 변한다. 일기를 쓰거나 신뢰할 수 있는 사람과 대화하거나 전문적 도움을 받는 과정에서 불안을 언어화하면 무의식에 잠겨 있던 것이 의식의 빛 아래로 떠오른다. 말할 수 없었던 것을 말할 수 있게 되고 이름 붙일 수 없었던 것에 이름을 붙이면 불안은 더 이상 우리를 지배하는 괴물이 아니라 이해할 수 있는 신호가 된다. 불안을 언어화하는 과정은 불안으로부터 거리를 확보하고 그것을 객관적으로 바라볼 수 있게 해준다.

또한 불안의 패턴을 관찰하는 것도 중요한 통찰을 제공한다. 어떤 상황에서 불안이 주로 발생하는지, 어떤 생각이나 기억이 불안을 촉발하는지, 불안이 찾아올 때 어떤 신체 감각이 동반되는지 주의 깊게 살펴보자. 이러한 관찰을 통해 불안의 근원적 패턴을 파악할 수 있다. 예를 들어, 친밀한 관계가 가까워질 때마다 불안이 찾아온다면 이것은 유년기의 애착 상처나 버림받음에 대한 두려움과 관련이 있을 수 있다. 성취와 성공이 가까워질 때 불안이 심해진다면 이것은 성공에 대한 무의식적 죄책감이나 성공할 자격이 없다는 내면의 믿음 때문일 수 있다. 이러한 패턴을 인식하면 현재의 불안이 실제로는 과거의 미해결된 갈등에서 비롯된 것임을 알 수 있다.

불안을 성장의 기회로 전환하는 것도 가능하다. 불안은 우리가 중요한 것 앞에 서 있다는 신호이기도 하다. 전혀 중요하지 않은 일에 우리는 불안을 느끼지 않는다. 불안을 느낀다는 것은 그것이 우리에게 의미 있고 가치 있는 일이라는 증거다. 새로운 도전 앞에서 느끼는 불안은 우리가 안전지대를 벗어나 성장하고 있다는 표시이며, 관계에서 느끼는 불안은 그 관계가 우리에게 중요하다는 의미다. 불안을 회피하고 안전한 곳에만 머물면 성장할 수 없다. 적절한 불안을 견디며 앞으로 나아가는 용기가 성장과 변화를 가능하게 한다. 실존주의 심리학자들이 말했듯이, 불안은 자유의 현기증이며 가능성 앞에서 느끼는 떨림이다. 불안을 두려워할 것이 아니라 불안 속에서도 선택하고 나아가는 법을 배우는 것이 중요하다.

결국 불안을 다루는 성숙한 태도는 불안을 완전히 제거하려는 것이 아니라 불안과 함께 살아가는 법을 배우는 것이다. 불안은 우리 삶의 일부이며 살아 있는 한 계속될 경험이다. 불안 없는 삶을 추구하는 것은 현실적이지도 않고 바람직하지도 않다. 대신 우리는 불안이 보내는 신호를 이해해야 한다. 그것에 지혜롭게 대응하며 불안 속에서도 의미 있는 삶을 살아가는 능력을 키워야 한다. 불안을 적으로 보지 말고 동반자로 받아들이고, 불안이 전하는 메시지에 귀 기울이며, 불안을 통해 자신을 더 깊이 이해하고 성장하는 기회로 삼아보자.

불안은 자아가 보내는 위험 신호이며, 이 신호를 무시하지 않고 존중하는 것이 정신적으로 건강하고 성숙한 사람의 태도다. 우리가 느끼는 불안은 무너지고 있다는 증거가 아니라 정신이 우리를 지키기 위해 열심히 일하고 있다는 증거다. 그 신호에 감사하고 그 의미를 탐색하며 지혜롭게 대응해보자.

"불안을 느낀다는 것은
무너지고 있다는 증거가 아니다.
정신이 우리를 지키기 위해
열심히 일하고 있다는 증거다."

그림자를 인정할 때 비로소 자유로워진다

"투사란 자신의 내면에서 일어나는 것을 외부 세계에서 일어나는 것으로 지각하는 것이다."

— 지그문트 프로이드, 《토템과 터부》

무심하게 넘길 수 있는 일인데도 특정 사람에게 반응이 커질 때가 있다. 회의 중에 자기 자랑을 늘어놓는 동료를 보면 괜히 불편해지고, SNS에서도 낯선 이의 과시적인 모습이 마음을 건드린다. 왜 이런 사람이 유독 신경 쓰일까? 프로이트라면 이렇게 물었을 것이다. "혹시 그 사람에게서 보는 것이 자기 자신은 아닌가?" 프로이트는 자신의 내면에서 일어나는 것을 외부 세계에서 일어나는 것으로 지각하는 심리 기제를 '투사'라는 개념으로 설명했다. 우리는 자신의 마음속 깊은 곳에 숨겨진 욕망과 특성, 즉 받아들이기 어렵고 인정하고 싶지 않은 그 모든 것을 타인에게 투사한다. 타인을 향한 비난의 화살은 실은 자신의 무의식을 향해 있다. 우리가 타인에게서 발견하고 격렬하게 반응하는 그 특성은 우리 자신이 억압하고 부정해온 바로 그것이다. 이 사실을 받아들이는 순간, 모든 인간관계는 새로운 차원으로 진입한다. 타인은 더 이상 비난의 대상이 아니라 자기 이해를 위한 거울이 된다.

투사는 무의식이 작동하는 가장 보편적이면서도 교묘한 방식이다. 우리는 자신의 내면에 존재하지만 받아들일 수 없는 충동, 욕망, 특성을 외부 세계로 내보낸다. 이 심리적 메커니즘은 너무나 자동적이고 무의식적으로 작동하기 때문에 대부분의 사람들은 평생 자신이 투사하고 있다는 사실조차 깨닫지 못한다. 동료의 이기심을 비난할 때, 상사의 권위적 태도에 분노할 때, 친구의 게으름을 경멸할 때 모두 그 순간 작동하고 있는 것은 투사 기제다. 자신 안에 있는 이기심, 지배욕, 나태함을 인정하지 못하기에 그것을 타인에게서 발견하고 격렬하게 반응하는 것이다. 투사는 자아를 보호하는 방어막이지만 동시에 진정한 자기 인식을 가로막는 장벽이기도 하다.

현대 사회에서 투사는 더욱 복잡하고 다층적인 형태로 나타난다. 소셜 미디어는 투사의 거대한 무대가 되었다. 사람들은 화면 뒤에 숨어 익명으로, 혹은 안전한 거리에서 타인을 향해 강렬한 감정을 분출한다. 누군가의 과시적 태도를 비난하는 사람은 자신의 인정 욕구를 보지 못한다. 타인의 위선을 신랄하게 비판하는 사람은 자신의 이중성을 부정한다. 정치적 견해가 다른 상대를 향한 과도한 혐오감은 종종 자신의 억압된 공격성이 투사된 결과다. 직장에서 특정 동료에게 유독 강한 부정적 감정을 느낀다면 그것은 그 사람의 문제가 아니라 자기 자신의 그림자를 마주하고 있기 때문이다. 연인 관계에서 상대의 특정 행동에 과민하게 반응한다면 그것은 자신의 억압된 욕구가 거울에 비친 것이다.

투사의 가장 역설적인 특징은 우리가 가장 강렬하게 부정하는 것이 바로 우리 자신의 진실이라는 점이다. '나는 절대 그런 사람이 아니야'라고 가장 강하게 주장할 때 그것이야말로 투사가 작동하고 있다는 명확한 신호다. 심리학자 칼 융은 이것을 '그림자'라고 불렀다. 우리의 의식이 인정하기를 거부하는 자아의 어두운 측면, 문명화 과정에서 억압하고 부정해온 본능적 충동과 바람직하지 않은 특성들이 그림자를 구성한다. 이 그림자는 사라지지 않는다. 단지 무의식으로 내려가 그곳에서 힘을 키우다가 타인이라는 스크린에 투사되어 나타날 뿐이다. 타인에게서 발견하고 혐오하는 탐욕, 질투, 허영심, 공격성은 모두 우리 자신의 그림자다. 이 사실을 받아들이기는 고통스럽다. 자신을 도덕적이고 선한 사람으로 믿고 싶은 자아에게 그림자의 존재는 견딜 수 없는 위협이기 때문이다.

하지만 투사를 인식하고 이해하는 것은 진정한 자기 인식으로 가는 가장 직접적인 통로다. 타인에 대한 우리의 반응은 자신을 이해하는 가장 정직한 데이터다. 누군가를 볼 때 강렬한 부정적 감정이 솟아오른다면 잠시 멈추고 스스로에게 물어보자. '내가 저 사람에게서 보는 것은 무엇인가? 내가 이토록 강하게 반응하는 이유는 무엇인가?' 이 질문은 외부를 향한 시선을 내부로 돌린다. 타인의 거만함이 자신을 자극한다면 스스로 억압된 우월감과 만나보자. 누군가의 나약함이 경멸스럽다면 내가 부정하고 싶어 하는 자신의 취약성을 인정해보자. 상대의 무책임함에 분노한다면 나 자신의 책임 회피 욕구를 직면해보자. 이렇게 투사를 역으로 추적하면 자신도 몰랐던 내면의 진실과 만나게 된다. 타인은 더 이상 공격할 대상이 아니라 자신을 비추는 거울이 된다.

이 과정은 생각보다 만만치 않다. 자신의 그림자를 인정하는 것은 자아에 대한 이상적 이미지를 포기하는 일이기 때문이다. 우리는 모두 자신을 착하고, 공정하고, 이성적이고, 도덕적인 사람으로 보고 싶어 한다. 하지만 프로이트가 밝혀낸 것처럼 인간의 정신은 의식적 자아보다 훨씬 더 복잡하고 모순적이다. 누구든 내면에 이타심과 함께 이기심이 있고, 사랑과 함께 증오가 있으며, 친절함과 함께 잔인함이 공존한다. 이 양면성을 인정하는 것이 진정한 성숙이다. 자신의 어두운 면을 부정하고 투사하는 대신, 그것을 자신의 일부로 받아들이고 통합할 때 비로소 온전한 인간이 된다. 완벽한 선인이 되려는 노력을 멈추자. 그 대신 불완전하지만 정직한 인간이 되는 것이다.

투사를 이해하면 인간관계의 본질이 완전히 달라진다. 더 이상 타인을 비난하고 판단하는 데 에너지를 낭비하지 않는다. 대신 모든 관계적 반응을 자기 이해의 기회로 활용한다. 직장 상사의 권위적 태도가 불편하다면, 그것은 상사의 문제이기도 하지만 동시에 나 자신의 억압된 권력욕과 지배욕을 드러낸다. 친구의 성공에 질투를 느낀다면 그것을 부정하는 대신 솔직하게 인정해보자. 질투는 인간의 자연스러운 감정이며 그것을 인정하는 순간 그 힘은 약해진다. 연인의 특정 습관이 유독 신경 쓰인다면 그것이 자신의 억압된 욕구나 금지된 충동과 어떻게 연결되는지 탐색해보자. 이런 방식으로 관계를 바라보면 모든 갈등과 불편함은 자기 성찰의 재료가 된다. 타인은 나를 괴롭히는 대상이 아니라 나를 이해하도록 돕는 스승이다.

실제로 투사를 인식하고 다루는 방법은 의외로 간단하다. 첫째, 자신의 강렬한 부정적 반응을 알아차리는 것이다. 누군가에 대해 과도하게 비판적이거나 판단적일 때, 특정 유형의 사람에게 반복적으로 불편함을 느낄 때, 그것이 투사의 신호다. 둘째, 그 반응을 자신에게 되돌려 적용해보는 것이다. '내가 저 사람에게서 싫어하는 특성이 나에게도 있지 않은가?' 라고 물어보자. 처음에는 저항이 일어날 것이다. 자아는 자신을 방어하기 위해 부정하고 합리화할 것이다. 하지만 정직하고 용기 있게 자신의 내면을 들여다보는 것이다. 셋째, 발견한 자신의 그림자를 판단하지 말고 가만히 관찰해보자. '아, 나에게도 이런 면이 있구나' 하고 있는 그대로 인정하는 것이다. 넷째, 그 특성이 어떤 상황에서 어떻게 나타나는지 구체적으로 관찰해보자. 이 과정을 통해 점차 자신의 전체 모습을 보게 된다.

투사를 이해하는 것은 타인에 대한 연민을 키우는 과정이기도 하다. 자신의 어두운 면을 인정하고 받아들일 때 타인의 불완전함도 이해하고 받아들일 수 있게 된다. 우리는 모두 빛과 그림자를 동시에 가진 존재다. 완벽한 사람은 없으며, 모두가 자신의 무의식과 씨름하며 살아간다. 이런 이해는 판단과 비난을 줄이고 공감과 이해를 늘린다. 타인의 결점을 너그럽게 볼 수 있는 것은 자신의 결점을 인정했기 때문이다. 이것이 진정한 인간적 성숙이며 건강한 관계의 토대다. 투사를 멈추면 타인을 있는 그대로 볼 수 있게 된다. 더 이상 자신의 내면을 투영한 왜곡된 이미지가 아니라 독립된 주체로서의 타인을 만날 수 있다.

현대인의 많은 갈등과 고통은 투사에서 비롯된다. 부모와의 갈등, 배우자와의 불화, 직장에서의 대인관계 문제, 사회적 집단 간의 혐오와 적대감은 모두 투사가 작동한 결과다. 우리는 자신의 억압된 감정과 욕구를 타인에게 투사하고, 그것을 타인의 문제로 착각하며, 그들을 공격하고 비난한다. 이 악순환은 끝이 없다. 투사는 문제를 해결하지 못할 뿐 아니라 오히려 더 깊은 갈등을 만들어낸다. 진정한 해결은 외부가 아니라 내부에 있다. 타인을 바꾸려 하지 말고 나의 내면을 들여다보자. 모든 외부의 갈등은 내부의 갈등이 투사된 것이다. 내면의 평화를 찾으면 외부 세계도 평화로워진다.

투사를 인식하는 능력은 하루아침에 생기지 않는다. 이것은 지속적인 자기 관찰과 성찰의 결과다. 오늘 누구에게 강한 감정적 반응을 보였는가? 무엇이 나를 불편하게 했는가? 내가 비판하고 판단한 것은 무엇인가? 이 질문들을 통해 자신의 투사 패턴을 발견해보자. 일기를 쓰는 것도 좋은 방법이다. 글로 쓰는 과정에서 무의식적이던 것이 의식화된다. 신뢰할 수 있는 친구나 상담자와 대화하는 것도 도움이 된다. 타인의 피드백은 자신이 보지 못하는 맹점을 드러내준다. 중요한 것은 지속성과 정직함이다. 자신에게 정직해지자. 불편한 진실을 회피하지 말자. 진정한 변화는 진실과의 만남에서 시작된다.

프로이트는 인간이 자신의 집에서 주인이 아니라고 말했다. 우리는 우리 자신을 완전히 알지 못하며 무의식의 힘에 지배받는다. 하지만 동시에 그는 무의식을 의식화하는 것이 가능하며, 이것이 정신분석의 목표라고 말했다. 투사를 인식하는 것은 바로 이 무의식을 의식화하는 구체적인 방법이다. 타인에게 투사된 자신의 모습을 되찾아오는 것, 그것이 자기 통합의 과정이다. 타인에게서 혐오하던 모든 것을 자신의 일부로 받아들일 때, 분열된 자아에서 통합된 자아로 나아간다. 이 과정은 꽤나 고통스럽다. 자신의 추한 면을 마주하는 것은 언제나 불편하고 수치스럽다. 하지만 이 과정을 거치지 않고는 진정한 자유와 성숙에 이를 수 없다.

투사의 거울을 이해하면 우리의 삶은 근본적으로 변화한다. 더 이상 피해자가 아니다. 세상이 나를 괴롭히고, 타인이 나를 힘들게 한다는 생각에서 벗어난다. 대신 모든 경험을 자기 이해와 성장의 기회로 활용한다. 불편한 사람을 만나면 감사하게 생각해보는 건 어떨까? 그 사람은 내가 보지 못했던 자신의 면을 보여주는 거울이기 때문이다. 갈등 상황에 직면하면 기회로 삼아보자. 그것은 나의 그림자를 의식화할 절호의 기회다. 이런 태도로 살아갈 때, 모든 관계는 배움의 장이 되고 모든 순간은 성장의 계기가 된다. 세상은 더 이상 나를 공격하는 적대적 공간이 아니라 자신을 이해하도록 돕는 거대한 거울이다.

결국 투사를 이해하는 것은 책임을 받아들이는 것이다. 내 삶의 모든 경험과 반응에 대한 책임을 타인에게 돌리지 않고 스스로 짊어지는 것이다. 이것은 무거운 짐처럼 보이지만 실은 가장 큰 자유다. 타인이 변하기를 기다리지 않아도 되고 환경이 개선되기를 바라지 않아도 된다. 모든 것은 나 자신에게 달려 있다. 내가 변하면 세상이 변한다. 나의 투사를 거두어들이면 타인과의 관계가 변한다. 이것이 진정한 힘이며, 진정한 자유다. 오늘부터 타인에게 느끼는 모든 강렬한 감정을 자기 이해의 도구로 사용해보자. 타인은 거울이다. 그 거울에 비친 것은 다름 아닌 나 자신이다.

"타인은 거울이다.
그 거울에 비친 것은
다름 아닌 나 자신이다."

파괴의 에너지를 창조의 에너지로

"본능은 억압될 수도 있지만,
그 목표가 사회적으로 가치 있는 것으로 전환될 수도 있다.
이것을 승화라 부른다."

— 지그문트 프로이트, 《성욕에 관한 세 편의 에세이》

어떤 사람은 화가 치밀어 오를 때 집 안 구석구석을 청소한다. 이별의 슬픔을 일기장에 쏟아내는 사람도 있다. 또 다른 사람은 스트레스가 쌓이면 밀가루를 치대며 빵을 굽는다. 이들은 본능적으로 알고 있다. 그 감정을 그냥 삭이면 병이 되지만 무언가로 표현하면 오히려 힘이 된다는 것을. 프로이트는 이 현상에 주목했다. 1910년, 그는 한 천재 예술가의 삶을 분석한 책을 출간했다. 《레오나르도 다 빈치의 유년기 기억》이었다. 레오나르도는 사생아로 태어나 어머니와 일찍 헤어졌고 평생 독신으로 살았다. 그의 삶에는 충족되지 못한 욕망이 가득했다. 여기서 프로이트는 흥미로운 점을 발견했다. 레오나르도의 억눌린 성적 에너지가 사라진 것이 아니라 다른 곳으로 흘러갔다는 것이다. 모나리자의 신비로운 미소, 인체 해부학에 관한 집요한 탐구, 비행 기계에 대한 끝없는 상상까지. 프로이트는 이것을 '승화'라고 불렀다. 본능의 에너지가 사라지는 것이 아니라 사회적으로 가치 있는 활동으로 방향을 바꾸는 것이다. 청소하거나 일기를 쓰거나, 혹은 빵을 굽는 사람 모두 작은 승화를 실천하고 있는 셈이다. 억압되고 금지된 본능적 욕구는 단순히 사회적 규범에 의해 짓눌리는 것이 아니라 인류 문명의 가장 빛나는 업적으로 승화된다. 베토벤의 교향곡, 미켈란젤로의 조각, 아인슈타인의 이론은 모두 본능의 에너지가 창조적으로 재배치된 결과다. 승화는 인간만이 가진 특별한 능력이며, 동물적 충동을 문화적 가치로 전환하는 정신의 연금술이다.

승화는 심리적 방어 기제 중에서도 가장 성숙하고 건강한 형태에 속한다. 억압이 욕구를 무의식 깊은 곳에 밀어 넣어 증상을 만들고, 부정이 불편한 현실을 외면하며, 투사가 자신의 어두운 면을 타인에게 떠넘긴다. 이때, 승화는 그 에너지를 완전히 다른 방향으로 흐르게 만든다. 성적 본능의 강렬한 에너지는 사랑의 시로, 공격적 충동은 정의를 향한 사회 운동으로, 금지된 욕망은 소설 속 인물의 행동으로 나타난다. 이 과정에서 본능의 목표는 바뀌지만 그 에너지의 강도는 그대로 유지된다. 오히려 억압되지 않고 자유롭게 흐르기 때문에 더욱 강력하고 지속적인 힘을 발휘한다. 승화는 본능을 부정하는 것이 아니라 인정하되 그 표현 방식을 변화시키는 것이다.

예술가는 '현실에 불만족하여 환상의 세계로 물러나지만, 그 환상을 다시 현실로 되돌리는 방법을 아는 사람'이다. 예술가의 내면에는 충족되지 못한 강렬한 욕망이 존재한다. 누구나 욕망이 뜻대로 되지 않을 때 어려움을 겪지만, 예술가는 그 경험을 창작의 재료로 삼는다. 화가는 캔버스에서 금지된 것을 자유롭게 표현하고, 작곡가는 음표로 말할 수 없는 감정을 쏟아내며, 소설가는 등장인물을 통해 자신이 살 수 없는 삶을 살아본다. 이렇게 창조된 작품은 개인적 욕망의 표현이지만 동시에 보편적 아름다움을 담아 사회적 인정을 받는다. 예술가는 자신의 내면적 갈등을 해결하면서 동시에 타인에게 위안과 감동을 선사한다. 이것이 승화의 이중적 기능이다.

학문적 탐구 역시 승화의 중요한 형태다. 과학자의 끝없는 호기심과 탐구욕 뒤에는 세상을 지배하고 통제하려는 원초적 욕망이 자리한다. 어린 시절 부모에게 느꼈던 무력감과 의존성은 자연을 이해하고 정복하려는 지적 열망으로 전환된다. 철학자의 진리 추구는 불확실성에 대한 불안을 극복하려는 시도이며, 역사가의 과거 탐색은 자신의 기원과 정체성에 대한 물음의 표현이다. 학자들이 밤을 새워가며 연구에 몰두하는 강렬한 에너지는 지적 호기심만으로는 설명되지 않는다. 그 깊은 곳에는 인정받고 싶은 욕구, 불멸을 향한 갈망, 세상에 흔적을 남기려는 본능적 충동이 작동한다. 이 충동들이 승화되어 인류 지식의 발전이라는 위대한 업적을 만들어낸다.

프로이트는 인류 문명 자체가 본능의 집단적 승화라고 분석했다. 고대 이집트의 피라미드는 죽음에 대한 공포를 건축으로 승화한 결과이며, 그리스의 철학은 혼돈에 대한 불안을 이성으로 극복하려는 시도였다. 중세의 대성당은 억압된 성적 에너지를 신에 대한 헌신으로 전환한 표현이고, 르네상스의 예술 부흥은 금욕적 중세에서 억눌렸던 인간적 욕망의 폭발이었다. 산업혁명의 기술 발전은 자연을 정복하려는 공격적 충동의 생산적 전환이며, 현대의 디지털 혁명은 연결되고 싶은 인간의 원초적 욕구가 기술로 승화된 것이다. 문명의 모든 위대한 업적 뒤에는 충족되지 못한 본능과 그것을 창조적으로 전환한 인간의 능력이 숨어 있다. 박물관에서 감탄하는 작품들, 교과서에서 배우는 이론들은 모두 누군가의 욕망이 아름답게 변형된 결과다.

승화는 예술가나 학자만의 전유물이 아니다. 평범한 일상에서도 우리는 끊임없이 승화의 기회를 마주한다. 정원을 가꾸는 행위는 통제하고 창조하려는 욕구의 승화이며, 요리는 양육 본능과 창의성의 결합이다. 운동과 춤은 공격적 에너지를 신체 활동으로 전환하고, 글쓰기는 말할 수 없는 감정을 언어로 옮긴다. 자원봉사는 죄책감을 보상하려는 욕구를 타인을 돕는 행위로 승화하며, 교육은 자신이 배우지 못한 것을 다음 세대에 전하려는 충동의 표현이다. 중요한 것은 자신의 본능적 에너지가 어디로 흐르고 있는지 의식하는 것이다. 파괴적이고 자기 파괴적인 방향으로 흐르는 에너지를 알아차리고, 그것을 건설적이고 창조적인 활동으로 재배치할 수 있다.

현대 사회는 역설적으로 승화의 기회를 풍부하게 제공하면서도 동시에 방해한다. SNS와 게임은 즉각적 쾌락을 제공하여 본능 에너지를 소모시키지만 진정한 창조나 성취로 이어지지 않는다. 소비 문화는 욕망을 물건 구매로 해소하도록 유도하여 승화의 필요성을 느끼지 못하게 만든다. 끊임없는 자극과 오락거리는 자신의 내면을 들여다보고 그 에너지를 의미 있는 활동으로 전환할 시간을 빼앗는다. 그러나 동시에 현대는 누구나 글을 쓰고, 사진을 찍고, 음악을 만들고, 영상을 제작할 수 있는 도구를 제공한다. 유튜브, 블로그, 각종 창작 플랫폼은 자신의 내면을 표현하고 공유할 수 있는 무한한 공간이다. 문제는 도구의 부족이 아니라 자신의 본능적 에너지를 알아차리고 그것을 의미 있게 전환하려는 의지의 부족이다.

승화는 의식적 노력과 훈련이 필요하다. 첫 번째 단계는 자신 안에 강력한 에너지가 존재한다는 것을 인정하는 것이다. 느끼는 분노, 불안, 욕망, 좌절은 부끄러운 것이 아니라 창조의 원료다. 대부분의 사람이 이 에너지를 억압하거나 부정하면서 무기력과 공허함에 빠진다. 두 번째 단계는 그 에너지가 현재 어디로 흐르고 있는지 관찰하는 것이다. 반복적인 폭식, 끝없는 SNS 스크롤, 의미 없는 쇼핑, 파괴적 인간관계는 잘못 배치된 에너지의 징후다. 세 번째 단계는 그 에너지를 재배치할 창조적 활동을 찾는 것이다. 처음에는 서툴고 어색하더라도 꾸준히 시도하면 점차 자신만의 표현 방식을 찾게 된다. 네 번째 단계는 그 활동을 일상의 일부로 만드는 것이다. 매일 조금씩이라도 자신의 에너지를 창조적으로 사용하는 습관이 삶을 근본적으로 변화시킨다.

프로이트는 승화가 완전히 의식적으로 선택할 수 있는 것은 아니라고 보았다. 어떤 사람은 본능 에너지를 자연스럽게 예술로 전환하는 능력을 타고나지만, 어떤 사람은 평생 신경증적 증상으로 고통받는다. 그러나 이것은 노력이 소용없다는 것만을 의미하지는 않는다. 승화의 능력은 어느 정도 선천적이지만 후천적으로 개발하고 향상시킬 수 있다. 자신의 감정을 언어로 표현하는 연습, 예술 작품을 감상하고 이해하려는 노력, 창조적 활동에 규칙적으로 참여하는 습관은 모두 승화 능력을 키운다. 중요한 것은 완벽한 예술 작품을 만드는 것이 아니라 자신의 내면 에너지를 건강하게 표현하고 전환하는 과정 자체다. 서툰 그림 한 장, 어색한 시 한 편이라도 본능을 파괴가 아닌 창조로 향하게 만든다면 그것으로 충분하다.

승화는 개인 차원에서 사회적 차원으로 뻗어 나간다. 한 사회가 구성원들의 본능적 에너지를 얼마나 창조적으로 승화할 수 있는 기회를 제공하는가는 그 사회의 문화적 수준을 결정한다. 예술과 학문을 장려하고, 창의성을 존중하며, 다양한 표현 방식을 허용하는 사회는 구성원들의 본능 에너지를 건설적으로 활용한다. 반대로 획일적이고 억압적이며 창조적 표현을 제한하는 사회는 그 에너지가 폭력, 중독, 집단 광기로 폭발하는 것을 목격하게 된다. 역사가 증명하듯, 표현의 자유가 억압되고 문화 활동이 통제되는 시기에는 사회적 병리 현상이 증가한다. 반대로 르네상스, 계몽주의, 문예부흥 같은 창조적 폭발의 시기는 인간의 본능 에너지가 집단적으로 승화된 순간들이었다. 개인의 승화는 개인을 치유하고, 집단의 승화는 문명을 진보시킨다.

승화의 아름다움은 그것이 타협이 아니라 변형이라는 점이다. 억압은 욕구를 부정하고 묻어버리며, 좌절은 욕구를 포기하고 체념하게 만든다. 그러나 승화는 욕구의 본질적 에너지를 보존하면서도 그 표현 방식을 완전히 바꾼다. 공격적 충동은 사라지지 않지만 복싱링이나 토론장에서 표현되고, 성적 에너지는 사랑의 시나 열정적인 춤이 된다. 이 과정에서 개인은 만족을 얻고 사회는 가치를 얻는다. 예술가는 자신의 내면을 표현하면서 동시에 타인에게 감동을 주고, 과학자는 자신의 탐구심을 충족하면서 인류 지식을 확장한다. 승화는 개인과 사회, 욕망과 문명, 본능과 가치 사이의 갈등을 해소하는 가장 우아한 해결책이다. 그것은 양쪽을 모두 만족시키는 진정한 윈-윈(Win-Win)의 결과를 만들어낸다.

삶에서 승화의 가능성을 찾아보자. 괴롭히는 불안, 분노, 욕망, 좌절은 제거해야 할 적이 아니라 변형해야 할 원료다. 그 강렬한 감정들이 안에서 무의미하게 소진되거나 자기 파괴적으로 폭발하도록 방치하지 않는 것이 중요하다. 붓을 들든, 펜을 들든, 악기를 잡든, 카메라를 향하든 자신만의 방식으로 그 에너지를 세상으로 꺼내보자. 완벽할 필요는 없다. 중요한 것은 내면이 파괴가 아니라 창조로 흐르게 만드는 것이다. 매일 조금씩이라도 자신을 표현하고 창조하는 시간을 가져보는 것은 어떨까. 그 시간이 쌓여 삶은 근본적으로 달라질 것이다. 증상은 줄어들고 활력은 증가하며 무의미한 일상은 의미 있는 여정이 된다.

승화는 본능을 부정하지 않고 인정하되 그것을 더 높은

차원으로 끌어올린다. 이것이 진정한 성숙이며 정신적 건강이다. 누구에게나 안의 어둠을 빛으로, 파괴를 창조로, 고통을 아름다움으로 변형시키는 능력이 있다. 인류 역사의 위대한 업적들이 증명하듯이 가장 강렬한 본능적 에너지는 가장 빛나는 문화적 성취로 전환될 수 있다. 예술가만이 아니라 누구나 매일의 삶에서 이 변형을 실천할 수 있다. 욕망을 아름다움으로, 분노를 정의로, 불안을 창조로 바꿔보자. 이것이 인간다운 삶의 방식이며, 본능과 문명 사이의 갈등을 해결하는 가장 성숙한 길이다. 승화는 내면의 에너지를 세상의 선물로 바꾸는 연금술이다.

"욕망을 억누르지 말고 변형하라.

파괴의 에너지는

창조의 에너지가 될 수 있다."

제2부

남겨진 흔적

: 지나간 것은 사라지지 않고 형태를 바꾼다

과거를 모르면 현재를 바꿀 수 없다 | 기억은 과거의 기록이 아니라 현재의 창작이다 | 기억하지 못하는 것을 우리는 반복한다 | 모든 관계는 첫 번째 관계의 반복이다 | 도피할수록 현실은 더 무거워진다 | 불편한 곳에 답이 있다

과거를 모르면 현재를 바꿀 수 없다

*"어린 시절의 가장 초기 인상들은,
비록 의식에서는 오래전에 사라졌더라도
정신생활 속에 지속적인 흔적을 남긴다."*

— 프로이트, 《꿈의 해석》

1803년, 영국의 시인 윌리엄 워즈워스는 무지개를 바라보며 한 편의 시를 썼다. "어린 시절 무지개를 보면 내 심장이 뛰었다. 어른이 된 지금도 그러하다. 늙어서도 그러하리라. 아니라면 차라리 죽는 게 나으리. 아이는 어른의 아버지다." 프로이트는 이 구절을 깊이 새겼다. 그에게 이 문장은 단순한 시적 표현이 아니라 인간 정신의 핵심 원리였다. 당신이 지금 이 순간 느끼는 감정, 당신이 반복하는 행동 패턴, 당신이 맺는 관계의 방식, 이 모든 것은 어린 시절의 당신이 만들어낸 결과물이다. 우리는 어른이 되면서 성장했다고 믿지만 실제로는 그 어린아이가 여전히 우리 내면 깊은 곳에서 모든 결정을 주도하고 있다. 사랑하는 방식도, 두려워하는 대상도, 분노를 표현하는 태도도, 대부분 다섯 살 이전에 형성된다. 이것이 바로 프로이트가 발견한 인간 정신의 가장 근본적인 법칙이다. 우리의 현재는 과거의 연장선이며, 그 과거의 핵심은 유년기에 있다.

생애 초기 5년은 인간 정신 구조의 토대가 형성되는 결정적 시기다. 이 시기에 경험한 모든 것은 평범한 기억으로 저장되는 것이 아니라 인격 자체를 구성하는 벽돌이 된다. 부모가 안아주었을 때 느낀 안정감, 혼자 어둠 속에 남겨졌을 때 느낀 공포, 칭찬받았을 때의 기쁨, 거부당했을 때의 상처 등 이 모든 감정적 경험이 뇌와 마음에 깊이 새겨진다. 이것은 단지 과거의 일이 아니다. 이 초기 경험들은 세상을 바라보는 렌즈를 형성하고, 타인을 판단하는 기준을 만들며, 자기 자신에 대한 근본적인 느낌을 결정한다. 관계에서 느끼는 불안함, 혼자 있을 때 찾아오는 공허함, 사랑받고 싶은 강렬한 욕구, 이 모든 것의 뿌리는 그 어린 시절로 거슬러 올라간다. 많은 사람들이 자신의 현재 문제를 해결하기 위해 노력하지만 실패하는 이유가 바로 여기에 있다. 문제의 진짜 원인은 현재가 아니라 과거에, 그것도 기억조차 나지 않는 아주 먼 과거에 존재하기 때문이다.

그렇다면 지금의 우리는 어떤 사람인가? 사람들과 쉽게 친해지는 사교적인 사람인가, 아니면 관계를 맺는 것이 두렵고 어려운 사람인가? 비판받으면 쉽게 무너지는 사람인가, 아니면 강인하게 견디는 사람인가? 사랑하는 사람에게 집착하는 경향이 있는가, 아니면 거리를 두고 독립적으로 지내려 하는가? 이 모든 성격적 특성 뒤에는 원인이 존재한다. 기질도, 성향도, 습관적 반응도, 모두 유년기에 형성된 원형적 패턴의 반복이다. 만약 어린 시절 부모가 일관되게 돌봐주고 필요할 때마다 곁에 있어 주었다면, 세상을 안전한 곳으로 인식하고 타인을 신뢰하는 법을 배웠을 것이다. 반대로 방치되거나 학대받은 경험이 있다면, 무의식은 세상을 위험한 곳으로 저장하고 타인을 쉽게 믿지 못하는 방식으로 굳어졌을 것이다. 이것은 선택의 문제가 아니다. 이것은 생존을 위한 적응이었고, 그 적응이 이제는 본성처럼 느껴지는 것이다. "나는 원래 이런 사람이야."라고 말할 때, 그것은 "어린 시절의 나는 이렇게 살아남아야 했어."를 의미하는 것일 수 있다.

어린 시절의 상처와 트라우마는 단순히 불쾌한 기억으로

끝나지 않는다. 그것들은 무의식 깊은 곳에 각인되어 평생에 걸쳐 행동과 감정을 지배한다. 1920년, 프로이트는 자신의 손자를 관찰하다가 흥미로운 장면을 목격했다. 18개월이 된 아이가 줄이 달린 나무 장난감을 침대 밖으로 던지며 "포르트(Fort, 가버렸다)"라고 외치고, 다시 끌어당기며 "다(Da, 여기 있다)"라고 기뻐하는 것이었다. 이 간단한 놀이에서 프로이트는 인간 정신의 중요한 원리를 발견했다. 아이는 어머니의 부재라는 고통스러운 경험을 반복적으로 재연함으로써 그 상황을 통제하려 했던 것이다. 다섯 살 때 부모의 이혼을 겪은 아이는 어른이 되어서도 관계의 지속성을 믿지 못하고 늘 버림받을 것 같은 불안을 안고 살아간다. 어린 시절 형제와의 경쟁에서 항상 비교당하고 열등하다는 말을 들었던 아이는 성인이 되어서도 끊임없이 자신의 가치를 증명하려 애쓰며 완벽주의에 사로잡힌다. 신체적 혹은 정서적 학대를 경험한 아이는 자기 자신이 사랑받을 가치가 없다고 믿게 되고, 이후의 모든 관계에서 자신을 하찮게 여기거나 학대적인 상대를 무의식적으로 선택한다. 이것이 바로 프로이트가 말한 '반복 강박'이다. 해결되지 않은 과거의 경험을 무의식적으로 되풀이하는 것이다. 마치 같은 영화를 계속 재생하듯 우리는 과거의 상처를 현재에서 반복한다. 같은 유형의 사람에게 반복적으로 상처받고, 같은 종류의 갈등을 매번 겪고, 같은 실패를 되풀이한다면 그 안에 패턴이 있다. 우리 무의식이 유년기의 미해결 과제를 지금 이 순간 다시 풀어보려 시도하는 것이다. 문제는 무의식은 해결 방법을 모른다는 것이다. 그래서 단지 반복만 할 뿐이다.

부모와의 초기 관계는 이후 모든 인간관계의 원형이자 청사진이 된다. 생애 처음으로 경험한 관계는 부모와의 관계였고, 이 관계에서 사랑과 신뢰, 그리고 안전이 무엇인지를 배웠다. 더 정확히 말하면, 부모가 보여준 방식이 사랑과 신뢰, 안전의 정의가 되었다. 부모가 조건적으로만 사랑을 주었다면 사랑은 무언가를 성취해야만 받을 수 있는 것이라고 배울 것이다. 만약 부모가 감정적으로 거리를 두었다면 친밀함은 위험하며 혼자 있는 것이 안전하다고 느낄 것이다. 만약 부모를 예측하기 어려웠다면 세상은 통제할 수 없고 언제나 불안한 곳이라는 인식이 자리 잡을 것이다. 이렇게 형성된 애착 유형은 이후 모든 관계의 틀이 된다. 연인에게 집착하고 끊임없이 확인받고 싶어 하는 것, 사람들과 가까워지는 것을 두려워하고 감정적 친밀감을 회피하는 것, 관계에서 혼란스럽고 극단적인 감정 변화를 겪는 것, 이 모든 것은 어린 시절 형성된 애착 패턴의 결과다. 이것을 이해하면 관계 패턴이 단순히 성격의 문제가 아니라는 것을 알게 된다. 그것은 어린 시절 살아남기 위해 선택한 적응 전략이었다.

많은 현대인들은 자신의 문제를 현재 상황과 환경 탓으로 돌린다. '직장 상사가 문제야', '배우자가 나를 이해하지 못해', '경제적 여건이 어려워서 그래' 등과 같이 외부 요인에서 원인을 찾는다. 물론 현재의 상황도 중요하다. 하지만 왜 항상 비슷한 유형의 상사와 갈등을 겪는가? 왜 매번 같은 문제로 배우자와 다투는가? 왜 기회가 와도 자기 파괴적 선택을 반복하는가? 현재의 문제는 과거의 메아리다. 권위적인 상사를 견디지 못하는 것은 아마도 어린 시절 억압적인 부모와의 관계가 해결되지 않았기 때문일 것이다. 배우자의 작은 비판에도 크게 상처받는 것은 어린 시절 부모에게 충분히 인정받지 못한 경험이 무의식에 남아있기 때문이다. 성공 직전에 늘 실패하는 것은 어린 시절 형성된 '나는 성공할 자격이 없다'라는 무의식적 믿음 때문일 수 있다. 프로이트는 이것을 명확히 보았다. 현재의 신경증적 증상은 과거의 억압된 경험이 변형된 형태로 나타나는 것이다. 증상을 제거하려면 그 증상을 만들어낸 과거의 근원으로 돌아가야 한다.

그렇다면 우리는 어떻게 해야 할까? 과거는 이미 지나갔고 바꿀 수 없는데 영원히 유년기의 상처에 갇혀 살아야 하는 것인가? 아니다. 여기에 희망이 있다. 과거 자체는 바꿀 수 없지만 과거에 대한 인식과 해석은 바꿀 수 있다. 이것이 바로 정신분석적 치유의 핵심이다. 자신의 과거를 용기 있게 돌아보고, 억압되고 잊고 있던 경험들을 의식으로 끌어올리고, 그것들을 새로운 관점에서 재해석할 때 변화가 시작된다. 어린 시절의 우리는 무력했고 선택권이 없었다. 그러나 지금은 다르다. 이제는 어른이 되었고, 자원을 갖추었으며, 스스로 선택할 수 있는 힘이 있다. 과거를 부정하거나 묻어두려 하지 않는 것이 좋다. 그것은 소용없다. 묻어둔 감정은 사라지지 않기 때문이다. 억압된 것은 반드시 돌아온다. 대신 그것을 직면해야 한다. 어린 시절의 상처를 인정하고, 그때의 감정을 느끼고, 그 의미를 이해하는 것이다. 이 과정은 고통스럽다. 하지만 이 고통을 통과해야만 자유로워질 수 있다.

스스로에게 물어보는 것도 좋다. 나는 어떤 아이였는가? 부모는 어떻게 대했는가? 처음으로 버림받았다고 느낀 순간은 언제였는가? '나는 충분하지 않아'라고 처음 믿게 된 것은 어떤 경험 때문이었는가? 이 질문들은 쉽지 않다. 많은 사람들이 이런 질문 앞에서 저항한다. '과거는 과거일 뿐이야', '부모를 탓하고 싶지 않아', '그건 별로 중요하지 않았어'라며 회피한다. 하지만 프로이트가 가르쳐준 것처럼 저항이 가장 강한 곳에 핵심이 있다. 가장 생각하고 싶지 않은 기억, 가장 피하고 싶은 질문, 가장 인정하기 싫은 감정, 바로 그것이 무의식이 숨기려고 애쓰는 핵심 상처다. 그리고 그 상처를 치유하지 않는 한, 같은 패턴을 반복할 것이다. 과거를 돌아보는 것은 약함이 아니라 강함이다. 상처를 인정하는 것은 패배가 아니라 치유의 시작이다.

현대 심리학은 프로이트의 통찰을 수없이 확인했다. 애착 이론, 발달 심리학, 신경과학, 트라우마 연구, 모든 분야가 유년기 경험의 결정적 중요성을 증명한다. 아동기에 역경을 경험한 사람들은 성인이 되어 우울증, 불안 장애, 중독, 관계 문제를 겪을 확률이 현저히 높다. 이것은 통계적 사실이다. 그러나 동시에 희망적인 사실도 있다. 과거를 이해하고 재해석한 사람들은 그 악순환을 끊어낼 수 있다는 것이다. 심리 치료를 받은 사람들, 자기 성찰을 깊이 한 사람들, 자신의 과거와 화해한 사람들은 새로운 삶의 패턴을 만들어낸다. 어린 시절의 희생자로 남을 필요가 없다. 그 경험을 이해한 생존자이자 성장하는 사람이 될 수 있다. 과거는 우리의 전부가 아니다. 과거는 출발점이지만, 목적지는 스스로 선택하는 것이다.

실제로 이 과정을 어떻게 시작할 수 있을까? 첫째, 자신의 반복 패턴을 인식하는 것이다. 인간관계나 직장, 삶의 다양한 영역에서 반복하는 행동과 감정의 패턴을 관찰해보자. 일기를 쓰는 것도 좋은 방법이다. '나는 왜 항상 이런 상황에서 이렇게 반응할까?'라고 스스로에게 물어보는 것이다. 둘째, 그 패턴의 기원을 탐색해보자. 어린 시절의 기억을 더듬어보며 부모와의 관계를 돌아보는 것이다. 언제 처음 이런 감정을 느꼈는지, 어떤 경험이 이런 믿음을 만들었는지 찾아보는 것이다. 셋째, 그 경험을 새로운 눈으로 보는 것이다. 어린 시절의 자신이 느낀 것은 타당했다. 그때는 다른 해석이나 선택이 불가능했다. 하지만 지금은 다르다. 어른인 자신은 그 경험에 새로운 의미를 부여할 수 있다. 넷째, 필요하다면 전문적 도움을 받아보자. 심리 치료는 사치가 아니라 자기 돌봄이다.

현재 행동과 감정을 이해하는 열쇠는 과거에 있다. 왜 사랑받고 싶어 하는지, 왜 인정받고 싶어 하는지, 왜 혼자 있을 때 불안한지, 왜 친밀함이 두려운지, 이 모든 것의 답은 어린 시절로 거슬러 올라간다. 이것을 이해한다고 해서 모든 문제가 즉시 해결되는 것은 아니다. 하지만 이해는 변화의 필수 조건이다. 자신의 반응이 어디서 오는지 알 때, 그것을 의식적으로 선택할 수 있게 된다. 무의식적 반복에서 의식적 선택으로 이동하는 것, 이것이 바로 자유이자 성장이다. 무의식적 충동이 지배하던 곳에 의식적 선택이 있어야 한다. 유년기는 운명이 아니다. 그것은 출발점일 뿐이다.

"아이는 어른의 아버지다." 이 말은 이제 다르게 들릴 것이다. 어린 시절의 자신이 지금의 우리를 만들었다. 그러나 지금의 우리는 그 아이를 다시 돌볼 수 있다. 과거로 돌아가 아이에게 필요했던 것을 지금 줄 수 있다. 이해와 공감, 그리고 사랑을. 그 아이에게 말할 수 있다. '그때는 힘들었지. 그런데 이제는 괜찮아. 내가 여기 있어. 네가 혼자가 아니야.' 이것이 자기 치유다. 과거를 바꿀 수는 없지만, 과거와의 관계는 바꿀 수 있다. 상처받은 내면의 아이를 외면하지 않는 것이 좋다. 그 아이를 포용하고 이해한 후에 그 아이에게 지금 필요한 것을 건네보자. 그때 진정으로 자유로워지고 성장할 수 있다.

과거를 돌아보는 용기를 가져보자. 상처를 인정하는 일은 정직함의 또 다른 이름이다. 그리고 자신을 치유하는 책임을 받아들여보자. 누구도 대신 치유해줄 수 없다. 부모도, 배우자도, 친구도, 치료자도 아니다. 그들은 도울 수 있을 뿐이다. 진짜 치유는 자신의 몫이다. 자신의 과거를 직면하고, 이해하고, 재해석할 때, 더 이상 과거의 포로가 아니게 된다. 자신의 삶의 저자가 된다. 어린 시절은 첫 장이었을 뿐, 나머지 이야기는 스스로 쓰는 것이다. 이것이 프로이트가 우리에게 준 진정한 선물이다. 무의식을 의식화하고, 과거를 이해하고, 그것을 통해 현재를 바꿀 수 있다는 희망이다. 내 안의 어린아이를 만나보는 것은 어떨까. 그리고 그 아이와 함께 성장해보자. 그것이 진정한 어른이 되는 길이다.

"무의식적 충동이 지배하던 곳에
의식적 선택이 있어야 한다."

기억은 과거의 기록이 아니라 현재의 창작이다

"어린 시절 기억은 당시 그대로가 아니라, 나중에 기억이 환기되었을 때의 모습으로 우리에게 나타난다."

— 지그문트 프로이트, 《스크린 기억에 관하여》

가족 구성원끼리도 과거 있었던 일을 전혀 다르게 기억하는 경우가 있다. 명절에 모인 형제자매가 어린 시절 이야기를 꺼내면 금세 말다툼이 벌어진다. "아버지가 그때 나를 심하게 때렸잖아.", "무슨 소리야, 아버지는 손찌검 한 번 안 하셨어.", "어머니는 늘 오빠만 편애했어.", "말도 안 돼, 어머니는 너한테 더 잘해줬어." 누군가 거짓말을 하는 걸까? 아무도 거짓말을 하지 않는다. 각자가 실제로 그렇게 기억하고 있는 것이다. 프로이트는 이 현상에 주목했다. 그는 기억이 과거의 객관적 기록이 아니라고 선언했다. 기억은 비디오테이프처럼 사실을 그대로 재생하는 것이 아니라 현재의 우리가 필요로 하는 것, 받아들일 수 있는 것, 믿고 싶은 것에 따라 끊임없이 다시 쓰이는 서사라는 것이다. 이것은 단순히 우리가 가끔 착각한다는 뜻이 아니다. 기억 자체의 본질이 재구성이며, 우리의 정신은 과거를 현재의 필요에 맞게 적극적으로 편집하고 각색하고 변형한다는 뜻이다. 이 통찰은 우리가 믿어왔던 자기 정체성의 토대를 흔들지만, 동시에 우리를 과거의 감옥에서 해방시키는 열쇠이기도 하다.

우리가 기억하는 과거는 사진첩에 고정된 이미지가 아니라 회상의 순간마다 다시 그리는 그림이다. 10년 전의 그 실패를 떠올릴 때마다 사람들은 조금씩 다른 버전을 만들어낸다. 때로는 더 비참하게, 때로는 덜 고통스럽게, 때로는 다른 의미를 부여하며 기억을 재구성한다. 이것은 거짓말이나 조작이 아니다. 이것이 바로 인간 정신이 작동하는 방식이다. 현재의 내가 누구이고 무엇을 원하는지에 따라 과거는 완전히 다른 색깔로 칠해진다. 행복한 사람은 과거를 더 밝게 기억하고, 우울한 사람은 같은 과거를 더 어둡게 기억한다. 사랑에 빠진 사람은 상대의 과거를 미화하고 이별한 사람은 같은 과거를 험악하게 재해석한다. 기억은 과거의 복사본이 아니라 현재의 산물이다. 지금 어디에 서 있는지가 어디서 왔다고 믿는지를 결정한다.

프로이트는 정신분석 작업을 통해 환자들의 기억이 얼마나 유동적이고 가변적인지 목격했다. 치료 초기에 환자가 이야기했던 어린 시절의 사건이 몇 달 후에는 완전히 다른 내용으로 변형되어 나타났다. 처음에는 사랑스러운 아버지로 기억되던 사람이 치료가 진행되면서 폭력적이고 억압적인 인물로 재구성되기도 했고, 그 반대의 경우도 있었다. 이것은 환자가 의도적으로 거짓말을 한다는 뜻이 아니다. 무의식이 허용하고 자아가 감당할 수 있는 범위 내에서 기억이 점진적으로 변형되고 드러나는 것이다. 고통스럽고 위협적인 진실은 즉시 억압되거나 왜곡된다. 정신은 견딜 수 없는 것을 견딜 수 있는 형태로 반사적으로 변환한다. 학대받은 아이는 부모의 폭력을 사랑의 표현으로 재해석하여 기억하고, 버림받은 경험은 자신이 먼저 떠난 것으로 각색된다. 이러한 방어적 왜곡은 당시의 생존을 위해 필요한 심리적 전략이었다. 문제는 이렇게 왜곡된 기억이 성인이 된 후에도 계속 현재를 지배한다는 점이다.

기억 속에서 어머니는 항상 차갑고 무관심한 사람인가? 그렇다면 그것은 객관적 사실이 아니라 현재 욕구가 만들어낸 서사일 가능성이 높다. 어쩌면 지금 자신의 관계 실패와 애착 문제를 설명할 명확한 원인이 필요한지도 모른다. 무의식은 친절하게도 그 원인을 과거에서 찾아 재구성해준다. '어머니가 나를 사랑하지 않았기 때문에 나는 사랑받을 수 없다'라는 서사는 고통스럽지만 동시에 안전하다. 그것은 현재의 나를 면책하고 변화의 책임을 과거에 전가할 수 있게 해주기 때문이다. 반대로 현재의 삶에 만족하는 사람은 같은 어머니를 다르게 기억한다. '어머니는 표현이 서툴렀지만 나를 사랑했다'라는 서사로 과거를 재구성한다. 변한 것은 어머니가 아니라 '나'의 내면과 욕구이며, 그에 따라 기억도 변한 것이다. 이것이 프로이트가 발견한 기억의 놀라운 가소성이다.

우리는 과거를 있는 그대로 기억하는 것이 아니라 자신이 받아들일 수 있는 방식으로 선택적으로 기억한다. 이 선택은 의식적이지 않다. 무의식이 자연스레 수행하는 검열과 편집 작업이다. 자존감을 위협하는 기억은 희미해지거나 완전히 사라지고, 자아 이미지를 강화하는 기억은 선명하게 부각된다. 스스로를 피해자로 정의한다면 과거의 모든 사건은 그 서사에 맞춰 재배치된다. 자신을 상처 입힌 순간들은 생생하게 기억되고, 사랑받고 보호받았던 순간들은 흐릿해진다. 반대로 자신을 강한 생존자로 규정한다면 같은 과거가 다르게 재구성된다. 고난은 성장의 발판으로, 상처는 지혜의 원천으로 의미가 전환된다. 과거의 객관적 사실은 중요하지 않다. 중요한 것은 현재의 내가 그 과거에 어떤 의미를 부여하고 어떤 서사로 엮어내는가이다. 누구나 과거의 희생자가 아니라 과거의 저자다.

이 통찰은 처음에는 불안을 야기한다. 만약 내 기억이 신뢰할 수 없다면, 만약 내가 믿어온 과거가 환상이라면, 나는 누구인가? 내 정체성의 기반은 무엇인가? 이 질문 앞에서 많은 사람들이 움츠러든다. 프로이트의 주장을 거부하고 자신의 기억만큼은 정확하다고 우기고 싶어진다. 하지만 기억의 불완전성을 인정하는 것은 자아의 약화가 아니라 강화이다. 이것은 과거에 고정된 존재가 아니라 현재에 살아있는 존재임을 의미한다. 과거가 나를 규정하는 것이 아니라 내가 과거를 규정한다. 어린 시절의 트라우마가 나를 영원히 괴롭히는 것이 아니라 그 경험에 부여하는 의미가 현재의 나를 만들고 있다. 그리고 의미는 언제든 다시 쓸 수 있다. 이것이야말로 진정한 자유이다.

기억의 재구성을 이해하면 타인과의 갈등도 다르게 보인다. 형제자매가 같은 어린 시절을 전혀 다르게 기억하는 이유를 이제 알 수 있다. 그들은 거짓말을 하는 것이 아니다. 각자의 심리적 위치와 욕구에 따라 실제로 다르게 경험하고 다르게 기억하는 것이다. 맏이는 책임과 부담을 기억하고, 막내는 사랑과 관심을 기억한다. 같은 가족, 같은 부모, 같은 사건이지만 완전히 다른 여러 버전의 과거가 존재한다. 과연 누구의 기억이 정답일까. 사실 완전히 옳은 사람도, 완전히 틀린 사람도 없다. 각자가 자신의 진실을 갖고 있을 뿐이다. 연인 사이의 다툼도 마찬가지이다. '당신이 그날 이렇게 말했어'라는 공격과 '나는 그런 말 한 적 없어'라는 반박이 반복된다. 둘 다 거짓말쟁이가 아니다. 하지만 둘 다 자신의 기억을 진실이라고 믿는다. 문제는 기억의 정확성이 아니라 현재의 관계 상태이다. 사랑이 식으면 과거의 좋았던 순간들이 흐려지고 작은 실수들이 크게 부각된다. 사랑이 회복되면 같은 과거가 다시 아름답게 채색된다.

프로이트가 발견한 가장 충격적인 사실은 일부 기억은 실제로 일어난 적이 없는 사건이라는 것이다. 이것을 '스크린 기억'이라고 부른다. 무의식은 실제 트라우마를 숨기고 대신 덜 위협적인 가짜 기억을 만들어낸다. 프로이트 자신도 자기 분석 과정에서 어린 시절 노란 꽃이 핀 들판에서 뛰어놀던 기억을 떠올렸는데, 분석 결과 그것은 실제 기억이 아니라 성적 욕망을 위장한 스크린 기억이었다. 어떤 환자는 어린 시절 숲에서 길을 잃었던 공포를 생생하게 기억했지만, 조사 결과 그런 일은 실제로 없었던 것으로 밝혀졌다. 진짜 트라우마는 아버지의 폭력이었지만 그것을 직면하기에는 너무 고통스러웠기에 무의식이 상징적인 대체 기억을 창조한 것이다. 현대의 거짓 기억 연구들도 이를 뒷받침한다. 암시와 유도를 통해 실제로 경험하지 않은 사건을 생생하게 기억하게 만들 수 있다. 이것은 인간 기억 시스템의 취약성을 보여주는 동시에 놀라운 창조성을 드러낸다. 우리의 정신은 필요하다면 과거를 통째로 발명할 수 있다. 이 능력은 때로는 병리적이지만 때로는 생존을 위해 필수적이다.

지금까지 믿어온 자신의 인생 이야기가 유일한 버전이 아니라는 것을 받아들이자. 같은 사건들로 전혀 다른 이야기를 만들 수 있다. 실패의 연속으로 기억했던 청년기를 배움과 성장의 시기로 재해석할 수 있다. 냉정하고 거리감 있던 아버지를 자신의 방식으로 사랑을 표현했던 서툰 사람으로 다시 볼 수 있다. 이것은 과거를 미화하거나 부정하라는 뜻이 아니다. 과거에 대한 독점적 해석권을 되찾으라는 것이다. 지금까지 우리는 어쩌면 부모의 서사, 사회의 서사, 타인의 평가 속에서 자신의 과거를 이해해왔을지 모른다. '너는 문제아였어', '너는 실패자야', '너는 사랑받을 자격이 없어'라는 타인의 규정이 우리의 기억을 형성했다. 이제 그 서사를 거부하고 자신만의 이야기를 써보자.

물론 이러한 시도에는 위험이 따른다. 기억의 가변성을 악용하여 불편한 진실을 계속 회피하고 왜곡할 수 있다. 자기 잘못을 인정하지 않고 끊임없이 과거를 유리하게 재구성할 수 있다. 이것은 성장이 아니라 도피다. 그렇다면 건강한 기억의 재구성과 병적인 기억의 왜곡을 구분하는 기준은 무엇일까? 그것은 현재의 기능과 미래의 방향이다. 재구성된 기억이 나를 더 자유롭게 만들고, 더 사랑할 수 있게 만들고, 더 창조적으로 만든다면 그것은 건강한 재구성이다. 하지만 재구성된 기억이 나를 영원한 피해자로 고착시키고, 책임을 회피하게 만들고, 타인을 원망하게 만든다면 그것은 병적인 왜곡이다. 진실은 우리를 자유롭게 만들어야 한다. 과거에 대한 새로운 이해가 나를 과거에 더 묶어둔다면 그것은 진실이 아니라 또 다른 방어다.

현대의 트라우마 치료는 프로이트의 통찰을 적극 활용한다. 기억의 재구성을 통해 치유를 추구한다. 트라우마 기억을 완전히 지울 수는 없지만 그 기억이 갖는 정서적 강도와 의미를 변화시킬 수 있다. 생생하고 압도적이던 트라우마가 치료를 통해 '과거에 일어났던 일'로 전환된다. 여전히 불행한 사건이지만 더 이상 현재를 지배하지 않는다. 이것이 가능한 이유는 기억이 고정된 것이 아니라 유동적이기 때문이다. 프로이트가 강조했듯이 기억을 떠올리는 것 자체가 치료의 핵심이다. 기억을 떠올릴 때마다 우리는 그것을 조금씩 다시 쓴다. 의식적으로 이 과정에 개입하면 고통스러운 과거를 견딜 만한 것으로, 나아가 의미 있는 것으로 변형시킬 수 있다. 이것이 심리치료의 핵심 원리이다.

지금 자신의 어떤 기억에 집착하고 있는지 돌아보자. 반복적으로 떠올리며 고통받는 그 장면은 정말로 기억하는 그대로일까? 10년 전의 모욕, 5년 전의 배신, 작년의 실패를 떠올릴 때마다 우리는 조금씩 다른 버전을 재생하고 있다. 때로는 더 고통스럽게, 때로는 더 비참하게, 분노와 원망을 추가하며 기억을 확대하고 재생산한다. 이것은 과거를 기억하는 것이 아니라 과거를 현재에 다시 창조하는 것이다. 그렇다면 왜 하필 그런 방식으로 기억을 재구성하는 걸까? 그 고통스러운 기억이 현재의 나에게 어떤 기능을 하고 있을까? 어쩌면 그것은 현재의 무력함을 정당화하거나 노력을 회피하거나 타인에 대한 원망을 유지하기 위한 무의식적 전략일 수 있다. 과거의 상처를 손에서 놓지 못하는 이유는 그것이 현재에 필요하기 때문이다.

기억은 과거가 아니라 현재의 욕구를 반영한다. 이것은 우리에게 엄청난 힘을 부여한다. 과거는 이미 일어난 것이므로 바꿀 수 없다는 통념은 사실이 아니다. 과거의 사건 자체는 바꿀 수 없지만 그 사건의 의미와 나의 관계는 언제든 바꿀 수 있다. 내가 달라지면 과거도 달라진다. 현재의 내가 성장하고 치유되면 같은 과거도 다르게 기억되고 새로운 의미를 갖게 된다. 이것이 진정한 치유다. 과거를 지우는 것이 아니라 과거와의 관계를 변화시키는 것이다. 나를 규정했던 트라우마가 나를 단련시킨 경험으로 재해석될 수 있다. 나를 파괴했던 실패가 나를 가르친 교훈으로 의미가 전환될 수 있다.

어떤 과거를 선택하겠는가? 피해자의 과거인가, 생존자의 과거인가? 실패의 연속인가, 배움의 여정인가? 사랑받지 못한 과거인가, 자신의 길을 찾아간 과거인가? 선택은 각자의 몫이다. 과거의 객관적 사실이 무엇이든, 우리는 그것을 어떻게 기억하고 어떤 의미를 부여할지 결정할 수 있다. 이것은 자기기만이 아니다. 이것은 자기 창조다. 자신의 기억이 불완전하고 주관적이라는 사실을 겸허히 인정해보자. 그리고 바로 그 불완전성이 주는 자유를 받아들이는 것은 어떨까. 오늘 이 자리에서 자신의 과거를 다시 써보자. 그리고 그렇게 재구성된 과거가 삶 전체를 어떻게 변화시키는지 느껴보자.

"기억은 과거의 복사본이 아니라
현재의 산물이다.
내가 달라지면 과거도 달라진다."

• 03 반복 강박의 굴레 •

기억하지 못하는 것을 우리는 반복한다

"자신이 반복하고 있다는 것을 모른 채 반복한다."

— 지그문트 프로이트, 《기억하기, 반복하기, 훈습하기》

세 번째 연애가 끝난 날 밤, 혼자 술을 마시며 생각한다. '왜 나는 항상 이런 사람만 만나는 걸까.' 첫 번째 연인은 감정 표현에 서툴렀다. 헤어지고 나서 '다음에는 절대 이런 사람 안 만난다'고 다짐했다. 그런데 두 번째 연인도 똑같았다. 처음엔 달랐던 것 같았는데 사귀다 보니 결국 같은 유형이었다. 세 번째도 마찬가지였다. 친구들은 '너는 왜 맨날 그런 사람만 골라?'라고 묻지만 정작 본인도 이유를 모른다. 분명 다른 사람을 선택했다고 생각했는데 결과는 항상 같다. 마치 보이지 않는 손이 같은 방향으로 끌어당기는 것 같다. 연애만 그런 게 아니다. 직장도 마찬가지다. 상사와의 갈등으로 회사를 그만두고 새 직장에 들어갔는데 몇 달 지나니 또 비슷한 상사와 비슷한 갈등을 겪고 있다. 장소와 사람은 바뀌었는데 상황은 똑같다. 프로이트는 이 수수께끼 같은 현상에 명쾌한 이름을 붙였다. '반복 강박'이다. 우리는 기억하지 못하기 때문에 반복한다는 것이다.

의식의 표면으로 떠오르지 못한 것, 언어로 명명되지 못한 것, 완전히 이해되고 소화되지 못한 과거의 경험은 사라지지 않는다. 그것은 무의식의 깊은 곳에 생생하게 살아 있으면서 우리의 행동을 통해 끊임없이 재연된다. 이것이 바로 반복 강박이다. 반복 강박은 단순한 습관이나 성격의 문제가 아니다. 그것은 해결되지 않은 무의식적 갈등이 우리의 삶을 지배하고 있다는 명백한 증거다.

반복 강박의 핵심은 기억의 실패에 있다. 트라우마적 경험은 너무 고통스럽고 압도적이어서 정상적인 방식으로 처리되고 기억되지 못한다. 그 경험은 의식의 영역으로 통합되지 못한 채 분리되고 억압되어 무의식 속에 얼어붙는다. 사람들은 그 사건을 의식적으로 떠올릴 수 없거나 떠올린다 해도 감정적 무게와 진짜 의미는 차단한 채 객관적 사실만 기억한다. 하지만 무의식은 잊지 않는다. 기억되지 못한 것은 사라지는 것이 아니라 다른 방식으로 표현된다. 언어와 의식으로 표현될 수 없었던 것은 행동으로 표현된다. 이것이 반복이다. 기억이 아니라 행동으로 재현하는 것이다. 과거를 회상하는 대신 과거를 재연한다. 이해하지 못한 것을 다시 겪게 함으로써 무의식은 우리에게 그것을 이해하라고 끊임없이 요구한다.

현대인의 삶은 반복 강박의 패턴으로 가득하다. 어린 시절 정서적으로 차갑고 거리를 두었던 부모 밑에서 자란 사람은 성인이 되어서도 계속해서 감정적으로 냉담하고 애정을 주지 않는 상대를 선택한다. 그 사람은 의식적으로는 따뜻하고 사랑이 넘치는 관계를 원한다고 말하지만 무의식은 친숙한 패턴으로 그를 이끈다. 그에게 정서적 냉담함은 고통스럽지만 동시에 익숙하다. 무의식은 낯선 것보다 익숙한 것을, 알 수 없는 것보다 이미 경험한 것을 선택한다. 설령 그것이 고통일지라도 말이다. 유년기에 학대받고 무시당한 사람은 자신을 학대하고 무시하는 관계를 반복적으로 만들어낸다. 배신당한 경험이 있는 사람은 또다시 배신할 가능성이 높은 사람에게 끌린다. 비난받으며 자란 사람은 자신을 계속 평가하고 몰아붙이는 상사나 친구에게 끌리기 쉽다. 이런 선택에도 무의식이 관여한다. 무의식은 과거에 남은 상처를 현재로 계속해서 불러낸다. 그 경험을 끝내 이해하고 정리하고자 하는 시도인 셈이다. 그러나 이를 의식적으로 바라보고 통찰하지 못하면, 반복은 치유가 아니라 같은 고통을 되풀이하는 결과로 남게 된다.

반복 강박은 관계에서만 나타나지 않는다. 그것은 직업 선택, 생활 방식, 자기 파괴적 행동 패턴 속에서도 작동한다. 어떤 사람은 성공 직전에 항상 스스로 무너뜨린다. 좋은 기회가 오면 어떻게든 그것을 망치고, 안정된 상황이 만들어지면 스스로 파괴한다. 그 사람은 자신이 왜 그러는지 이해하지 못한다. 의식적으로는 성공을 원하지만 무의식은 실패를 선택한다. 그의 내면 깊은 곳에는 성공을 받아들일 수 없게 만드는 억압된 믿음이 있다. 어쩌면 그는 성공이 위험하다고 무의식적으로 느낄 것이다. 성공하면 누군가의 질투를 사서 사랑을 잃을 것이라거나 아버지를 넘어서면 처벌받을 것이라는 무의식적 죄책감이 작동한다. 또 어떤 사람은 같은 방식으로 돈을 벌고 같은 방식으로 돈을 잃는 패턴을 반복한다. 중독에 빠졌다 벗어나기를 반복하는 사람도 있다. 이 모든 것이 바로 무의식이 기억되지 못한 과거를 행동으로 표현하는 방식이다.

반복에는 기묘한 심리적 이득이 있다. 반복은 고통스럽지만 동시에 안전하다. 우리는 이미 그 고통을 알고 있다. 그 고통에 익숙하고 그것을 다루는 방법을 알고 있다. 낯선 행복보다 익숙한 불행이 무의식에게는 더 편안하다. 반복은 또한 숨겨진 욕망을 충족시킨다. 계속해서 거절당하는 사람은 무의식적으로 거절을 필요로 한다. 그것은 그가 자신에 대해 가진 믿음을 확인시켜 준다. '역시 나는 사랑받을 수 없는 사람이야'라는 내면의 확신을 현실이 증명해 준다. 역설적으로 이것은 그에게 일종의 심리적 안정감을 준다. 끊임없이 실패하는 사람은 성공의 두려움에서 벗어날 수 있다. 반복되는 위기는 깊은 친밀감을 피할 수 있는 구실을 제공한다. 무의식은 교묘하게 반복을 통해 억압된 욕구를 충족시키고 두려운 것으로부터 자신을 보호한다. 반복이 계속되는 이유는 그것이 단지 나쁜 습관이어서가 아니라 무의식적 기능을 수행하고 있기 때문이다.

반복의 굴레에서 벗어나려면 먼저 반복을 인식해야 한다. 자신의 삶을 냉정하게 돌아보자. 계속해서 되풀이되는 패턴이 있는가? 같은 유형의 관계, 같은 종류의 갈등, 같은 방식의 실패가 반복되는가? 구체적으로 기록해보는 것도 방법이다. 어떤 상황에서 어떤 감정이 촉발되고 어떤 행동으로 이어지는가? 패턴을 명확히 보는 것이 첫 번째 단계다. 대부분의 사람들은 자신의 반복을 보지 못한다. 그들은 매번 새로운 상황이라고 생각하고 외부 환경과 타인을 탓한다. '또 나쁜 사람을 만났어', '또 운이 나빴어', '또 상황이 안 좋았어'라고 말한다. 하지만 진실은 다르다. 상황이 나를 선택하는 것이 아니라 내가 무의식적으로 그 상황을 선택하고 만들어낸다. 이 사실을 받아들이는 것은 고통스럽지만 동시에 해방적이다. 내가 패턴을 만들었다면 변화 또한 내가 시작할 수 있기 때문이다.

반복을 인식한 다음에는 그 뿌리를 찾아야 한다. 현재의 반복 패턴은 과거의 어떤 경험과 연결되어 있을까? 어린 시절의 어떤 상황이 지금 반복되고 있을까? 이 탐색은 용기가 필요한 작업이다. 오래전에 묻어두었던 고통스러운 기억과 감정을 다시 마주해야 한다. 애써 잊으려 했던 것, 중요하지 않다고 스스로 설득했던 것들을 다시 꺼내야 한다. 하지만 이것이 치유의 길이다. 억압된 것은 행동으로 반복되지만 의식화된 것은 더 이상 반복될 필요가 없다. 기억할 수 있게 되면 반복하지 않아도 된다. 무의식이 행동으로 표현하려 했던 것을 이제 언어로 표현할 수 있게 되면 강박적 재연은 멈춘다. 어린 시절 방치되고 무시당했던 경험을 충분히 애도하고 언어화하면 더 이상 무시하는 상대를 통해 그 고통을 재연할 필요가 없어진다. 과거의 상처를 인정하고 그것이 자신에게 미친 영향을 이해하면, 그 상처는 더 이상 그림자처럼 우리를 따라다니며 현재를 지배하지 않는다.

의식화가 지적 이해에 그치지 않는다. 진정한 의식화는 감정적 체험을 동반한다. 과거의 경험을 감정적으로 다시 살아내면서 동시에 그것을 성인의 관점에서 새롭게 이해해야 한다. 어린아이였던 나는 부모의 냉담함을 자신의 잘못이라고 해석했을 수 있다. '내가 사랑받을 가치가 없어서 부모가 나를 사랑하지 않았어'라는 결론을 내렸을 수 있다. 하지만 성인인 지금의 나는 다르게 볼 수 있다. 부모의 냉담함은 나의 가치와는 무관한 부모 자신의 문제였다. 부모도 상처받은 사람이었고 자신의 반복 강박에 갇혀 있었다. 이런 재해석은 과거에 대한 우리의 관계를 근본적으로 변화시킨다. 과거는 바뀌지 않지만 과거의 의미는 바뀔 수 있다. 이 새로운 의미는 우리를 과거의 포로 상태에서 해방시킨다. 더 이상 그 오래된 믿음을 확인받을 필요가 없고, 따라서 그것을 증명하는 상황을 만들어낼 필요도 없다.

반복을 중단하는 과정은 쉬운 일이 아니다. 무의식은 변화를 두려워하고 익숙한 패턴으로 우리를 끌어당긴다. 새로운 선택을 하려 할 때마다 강력한 내적 저항이 일어난다. 친절하고 안정적인 사람이 나타나면 이상하게 불편함을 느낀다. 그 사람은 '지루하다'거나 '재미없다'거나 '너무 완벽해서 오히려 의심스럽다'라고 느껴진다. 무의식은 그 사람이 우리의 오래된 각본에 맞지 않기 때문에 거부한다. 사람들은 극적이고 불안정하며 자신을 상처 입히는 사람에게 더 강하게 끌린다. 왜냐하면 그것이 자신이 아는 사랑의 방식이기 때문이다. 이 순간이 가장 중요하다. 불편함을 견디고 새로운 선택을 할 수 있을까? 익숙한 고통 대신 낯선 건강함을 선택할 수 있을까? 이것이 진정한 변화의 지점이다. 의식적으로 무의식의 자동적 패턴을 거스르고 새로운 길을 선택해야 한다. 처음에는 어색하고 불안하고 심지어 잘못된 것처럼 느껴질 것이다. 하지만 계속해보는 것이다. 새로운 경험이 축적되면서 점차 새로운 패턴이 형성된다.

필요한 것은 무엇보다 인내다. 수십 년간 굳어진 패턴이 하루아침에 바뀌지는 않는다. 여러 번 옛 패턴으로 되돌아갈 것이다. 그것은 실패가 아니라 과정의 일부다. 중요한 것은 되돌아갔을 때 자신을 비난하지 않고 다시 한번 의식적으로 선택하는 것이다. 매번 조금씩 나아진다. 점점 더 빨리 패턴을 알아차리게 되고, 점점 더 자주 다른 선택을 할 수 있게 된다. 어느 순간 익숙했던 상황이 더 이상 매력적으로 느껴지지 않음을 발견하게 된다. 예전에 자신을 끌어당겼던 유형의 사람이나 상황이 이제는 명확하게 건강하지 않다고 보인다. 이는 무의식이 변화했다는 증거다. 새로운 경험을 통해 다른 선택이 가능하다는 것을 배웠고, 무의식은 더 이상 옛 패턴을 유일한 선택지로 보지 않는다.

내 삶에서 반복되는 패턴은 무엇인가? 나는 어떤 고통을 계속해서 재연하고 있는가? 이 반복은 과거의 어떤 상처와 연결되어 있는가? 나는 무엇을 기억하지 못하기 때문에 반복하고 있는가? 정직하게 답해보자. 자신을 속이지 말자. 반복을 정당화하거나 합리화하지 말자. 패턴을 명확히 보고 그것이 자신에게 얼마나 큰 대가를 치르게 하는지 인정해보자. 이 인식이 변화를 향한 첫걸음이다. 이제 선택할 수 있다. 계속해서 무의식의 정해진 각본에 따라 같은 드라마를 반복할 것인가, 아니면 의식의 빛으로 그 각본을 밝히고 새로운 이야기를 쓸 것인가? 기억하지 못했던 것을 이제 기억해보자. 반복하지 않기 위해 직면해보자. 우리의 삶은 과거의 무한 반복이 아니라 새로운 가능성과 함께 앞으로 나아갈 것이다.

반복 강박에서 벗어나는 것은 단지 개인적 행복을 위한 것만이 아니다. 그것은 다음 세대에게 물려줄 유산과도 관련이 있다. 해결하지 못한 것은 자녀에게 전달된다. 세대 간 트라우마의 전이란 부모가 겪은 심리적 상처가 말과 행동을 통해 자녀에게 무의식적으로 전해지는 현상이다. 이것은 실제로 일어난다. 부모가 자신의 상처를 의식화하고 통합하지 못하면 자녀는 그 상처를 무의식적으로 흡수하고 본인의 삶에서 반복한다. 할아버지가 겪었던 억압과 폭력, 할머니가 견뎌야 했던 희생과 침묵이 형태를 바꾸어 우리의 삶에서 되풀이된다. 이 대물림의 사슬을 끊는 것은 각자의 책임이다. 자신의 반복 패턴을 의식화하고 변화시키면 그것은 자신만이 아니라 자녀와 그 후손에게도 자유를 준다. 누구나 세대를 통해 전해 내려온 무의식적 각본의 마지막 배우가 될 수 있다. 이것은 엄청난 용기와 헌신을 요구하지만 그만큼 의미 있고 가치 있는 일이다.

현대 사회는 반복을 숨기고 회피하기 쉬운 구조다. 관계가 어려워지면 끝내고 새로운 관계를 시작한다. 직장이 맞지 않으면 그만두고 이직을 하며, 도시가 답답하면 이사를 한다. 이런 환경적 변화는 일시적 안도감을 주지만 근본적 패턴은 바뀌지 않는다. 새로운 도시에서, 새로운 직장에서, 새로운 관계에서 같은 문제를 재연한다. 외부 환경은 바뀌었지만 무의식은 그대로이기 때문이다. 진정한 변화는 외부가 아니라 내부에서 일어나야 한다. 물리적 거리가 아니라 심리적 거리가 중요하다. 자신의 패턴에서 한 걸음 물러나 그것을 객관적으로 관찰할 수 있어야 한다. 이것이 진정한 자유의 시작이다. 무의식적 반복과 자신을 동일시하지 않고 '나는 이런 패턴을 보인다'라고 말할 수 있을 때, 그 패턴의 노예가 아니라 그것을 선택할 수 있는 주체가 된다.

반복에서 벗어나는 과정에서 깊은 슬픔을 경험하게 된다. 오래된 패턴을 놓아주는 것은 일종의 상실이다. 그 패턴이 고통스러웠을지라도 그것은 나의 일부였고 나의 정체성을 구성했다. 그것을 내려놓는 일은 이전의 자아를 떠나보내는 일과 같다. 이 상실을 애도해도 된다. 슬퍼할 권리가 있다. 동시에 새로운 자신을 맞이하는 기쁨도 경험하게 된다. 오래된 각본에 따라 살지 않아도 되는 자유, 과거의 포로가 아니라 현재의 주인으로 사는 해방감을 느끼게 된다. 이것은 재탄생이다. 생물학적으로는 같은 사람이지만 심리적으로는 완전히 새로운 사람이 된다. 과거는 여전히 나의 역사이지만 더 이상 나의 운명은 아니다. 이것이 정신분석이 약속하는 변화의 본질이다.

이제 우리는 안다. 반복은 저주가 아니라 무의식의 메시지다. 그것은 '이것을 보라, 이것을 이해하라, 이것을 해결하라'는 외침이다. 반복을 그저 나쁜 운이나 타인의 잘못으로 돌리는 한 아무것도 바뀌지 않는다. 하지만 반복을 자신의 무의식이 보내는 신호로 받아들이고 그 의미를 탐색한다면 변화의 가능성이 열린다. 기억하지 못했던 것을 이제 기억해보자. 의식하지 못했던 것을 의식해보자. 말할 수 없었던 것을 말해보자. 그러면 더 이상 반복하지 않아도 된다. 우리의 삶은 과거의 재연이 아니라 진정으로 새로운 현재가 된다. 이것이 자유이자 치유다. 이것이 우리가 마땅히 누려야 할 삶의 가능성이다. 반복의 굴레를 끊고 진정한 자신의 삶을 시작해보자.

"반복은 저주가 아니라

무의식의 메시지다.

'이것을 보라,

이것을 이해하라'는

외침이다."

모든 관계는 첫 번째 관계의 반복이다

"전이 자체가 반복의 한 조각에 불과하며,
반복은 잊힌 과거의 전이다."

— 프로이트, 《기억하기, 반복하기, 훈습하기》

새로운 직장에 출근한 첫날, 상사를 처음 만났는데 이상하게 긴장이 된다. 그 상사는 특별히 권위적이거나 무섭지 않은데 왠지 모르게 위축되고 말을 더듬게 된다. 연인이 문자 답장을 조금 늦게 했을 뿐인데 가슴이 철렁 내려앉고 '나를 떠나려는 건가?'라는 생각이 머리를 스친다. 친구가 약속을 취소했을 때, '역시 나는 중요하지 않은 사람이야'라는 자책이 밀려온다. 이런 반응에는 의미가 있다. 우리는 눈앞의 사람을 있는 그대로 보는 것이 아니라 과거의 누군가를 통해 바라보고 있기 때문이다. 프로이트는 이 현상을 '전이'라 불렀다. 과거의 중요한 인물, 특히 부모에 대한 감정이 현재 다른 사람에게 무의식적으로 옮겨가는 현상이다. 마치 낡은 필름을 새 스크린에 투사하는 것처럼 우리는 과거의 감정과 기대를 현재의 사람에게 겹쳐놓는다. 새 상사에게 느끼는 긴장은 어쩌면 어린 시절 엄격했던 아버지의 그림자일 수 있다. 연인의 늦은 답장에서 느끼는 공포는 어린 시절 자주 부재했던 부모의 기억에서 비롯된 것일 수 있다. 지금 겪고 있는 관계의 어려움은 사실 과거로부터 이어진 미완성의 이야기일 수 있다.

전이는 우리가 눈앞의 사람을 있는 그대로 보는 것이 아니라 과거의 누군가를 통해 형성된 렌즈로 바라보게 만든다. 이 렌즈는 너무나 투명해서 그것이 존재한다는 사실조차 인식하지 못한다. 어린 시절 권위적이고 비판적인 아버지 밑에서 자란 사람은 상사나 선배를 만날 때마다 과도한 불안과 긴장을 느낀다. 그들이 실제로 비판적이지 않더라도 무의식은 자동으로 과거의 아버지를 떠올리며 똑같은 감정 반응을 만들어낸다. 냉담하고 거리를 두는 어머니 밑에서 자란 사람은 연인 관계에서 끊임없이 버림받을 것 같은 불안을 느끼며 상대방의 작은 무관심도 견디지 못하고 집착하거나 시험한다. 이것이 전이의 핵심이다. 우리는 현재를 살고 있지만 감정은 여전히 과거에 머물러 있다.

전이는 단순히 감정만 옮기는 것이 아니라 관계의 전체 구조와 역동을 반복한다. 우리는 과거의 관계에서 맡았던 역할을 무의식적으로 재연하고, 상대방에게도 과거 인물의 역할을 부여한다. 어린 시절 늘 부모의 기대에 부응하려 애쓰며 자신의 욕구를 억눌렀던 사람은 현재의 관계에서도 자기희생적이고 순응적인 역할을 반복한다. 상대방이 그것을 요구하지 않아도 스스로 그 자리에 서서 인정받기 위해 노력한다. 반대로 과거에 학대나 무시를 경험한 사람은 무의식적으로 자신을 함부로 대하는 사람을 선택하거나 건강한 관계에서조차 학대의 징후를 찾아내려 한다. 프로이트는 이 역설을 날카롭게 지적했다. "환자는 억압된 것을 과거의 기억으로 재생산하는 것이 아니라 현재의 경험으로 반복한다." 이런 반복은 자기 파괴적이고 불합리해 보이지만 무의식에게는 익숙한 것이 안전하고 낯선 것이 위협적이다. 고통스럽더라도 이미 알고 있는 관계 패턴이 예측 불가능한 새로운 관계보다 심리적으로 더 편안하게 느껴진다. 이것이 사람들이 계속해서 자신을 불행하게 만드는 관계로 돌아가는 이유다.

현대 사회에서 전이는 더욱 복잡하고 다층적인 양상으로 나타난다. 우리는 직장에서 상사를 대할 때, 애인을 대할 때,

친구와 갈등을 겪을 때, 심지어 SNS에서 낯선 사람과 댓글로 다툴 때조차 전이를 경험한다. 특정 유형의 사람에게 유독 강한 거부감이나 불안을 느낀다면 그 사람의 어떤 특징이 과거의 고통스러운 인물을 무의식적으로 연상시키기 때문이다. 사소한 거절에도 심하게 상처받고 관계를 끊어버린다면 과거 중요한 누군가로부터의 버림받은 경험이 현재 상황과 겹치기 때문이다. 직장에서 권위 있는 사람 앞에서 말을 더듬거나 지나치게 긴장한다면 어린 시절 부모나 교사 앞에서 느꼈던 위축감이 전이되는 것이다. 연애할 때마다 상대방을 완벽한 존재로 이상화했다가 작은 결점에 환멸을 느끼고 떠난다면 이는 부모에 대한 이상화와 실망의 패턴이 반복되는 것이다. 전이는 우리의 모든 관계에 스며들어 있으며 현재를 과거의 재연 무대로 만든다.

반복 강박은 전이와 밀접하게 연결된 또 다른 무의식적 메커니즘이다. 우리는 의식적으로 기억하지 못하거나 언어화하지 못한 과거의 경험을 행동으로 반복한다. 어린 시절 정서적으로 불안정한 가정에서 자란 사람은 성인이 되어서도 불안정한 관계를 선택하고, 안정적인 관계가 주어져도 무의식적으로 불안정하게 만든다. 사랑받지 못했던 경험은 사랑받을 자격이 없다는 믿음을 만들고, 그 믿음은 사랑을 파괴하는 행동으로 이어진다. 배신당했던 경험은 신뢰에 대한 공포를 만들고 그 공포는 상대방을 시험하고 의심하는 행동으로 나타나 결국 관계를 파괴한다. 버림받았던 경험은 집착과 통제를 낳고, 그것은 또다시 상대방을 떠나게 만든다. 이렇게 우리는 가장 두려워하는 결과를 스스로 만들어낸다. 무의식은 과거의 상처를 재현함으로써 그것을 이해하고 해결하려 하지만 의식적 자각 없이는 단지 같은 고통만 반복될 뿐이다.

이 반복 패턴을 깨는 첫 번째 단계는 자신의 관계에서 반복되는 주제를 의식적으로 인식하는 것이다. 지금까지 살아오며 몇 번이나 비슷한 유형의 사람에게 끌렸는가? 연애할 때마다 비슷한 지점에서 갈등이 시작되지 않는가? 친구 관계나 직장 관계에서 늘 같은 역할을 맡고 같은 불편함을 느끼지 않는가? 이 질문들에 정직하게 답하면 우리의 관계에는 명확한 패턴이 존재한다는 것을 발견하게 된다. 그 패턴은 우리의 선택이 아니라 무의식의 각본이다. 패턴을 인식하는 순간, 그것에서 벗어날 수 있는 첫 번째 기회를 얻는다. 인식하지 못하는 것은 계속 반복되지만 의식의 빛을 비추면 변화의 가능성이 열린다. 관계 역사를 객관적으로 돌아보고, 반복되는 갈등의 주제, 관계의 역동, 자신의 반응 패턴을 파악해보는 것이다. 그것이 자기 인식의 시작이다.

패턴을 인식했다면 다음 단계는 그것의 기원을 탐색하는 것이다. 현재 반복하는 관계 패턴은 언제, 어디서, 누구와의 관계에서 시작되었는가? 대부분 그 뿌리는 유년기의 중요한 관계, 특히 부모나 양육자와의 관계에 있다. 사랑하는 사람에게 끊임없이 확인과 보증을 요구한다면 어린 시절 안정적인 애착을 형성하지 못했을 가능성이 높다. 친밀함을 회피하고 독립성을 과도하게 강조한다면 과거에 가까워지려는 시도가 침해나 통제로 경험되었을 수 있다. 갈등 상황에서 늘 양보하고 자신의 의견을 포기한다면 어린 시절 자기표현이 허용되지 않았거나 처벌받았을 수 있다. 이 연결고리를 발견하는 것은 고통스러운 과정이다. 과거의 상처를 다시 대면해야 하고, 어쩌면 사랑했던 사람들이 우리에게 준 상처를 인정해야 하기 때문이다. 하지만 이 과정 없이는 진정한 변화도 없다. 과거를 이해해야 현재를 바꿀 수 있다.

전이를 이해하고 다루는 것은 지금 마주한 사람을 과거의 그림자로부터 분리하는 작업이다. 상사를 대할 때 느끼는 불안이 정말 그 사람의 행동 때문인지, 아니면 과거 권위적인 부모에 대한 전이인지 구별해야 한다. 연인에게 느끼는 버림받을 것 같은 공포가 현재 상황이 원인인지, 아니면 과거 버림받았던 경험의 반복인지 구별해야 한다. 이 구별은 쉽지 않다. 감정은 너무나 강렬하고 즉각적이어서 과거와 현재가 뒤섞여 느껴지기 때문이다. 이때, 의식적으로 자신에게 질문하는 습관을 들이는 것이 도움이 된다. '지금 내가 느끼는 이 강렬한 감정은 지금 이 순간 이 사람에게 적절한 반응인가? 아니면 과거의 누군가를 떠올리며 느끼는 감정인가?' 이 질문은 우리를 과거의 자동적 반응에서 현재의 의식적 선택으로 이동시킨다.

전이를 다루는 또 다른 중요한 방법은 관계 안에서 자신의 반복 패턴을 상대방과 함께 탐색하는 것이다. 친밀한 관계에서 자신의 전이 패턴에 대해 솔직하게 이야기하면 관계는 치유의 공간이 된다. "나는 거절에 유독 민감한데 어린 시절 경험 때문인 것 같아. 그래서 네가 약속을 취소하면 과도하게 반응할 수 있어."라고 말하는 것은 자신의 반응에 대한 맥락을 제공한다. 상대방은 그 반응이 자신 때문만은 아니라는 것을 이해하게 되고, 우리는 자신의 패턴을 더 명확하게 의식하게 된다. 물론 이것이 상대방에게 본인의 행동을 정당화하거나 책임을 회피하는 변명이 되어서는 안 된다. 오히려 자신의 취약성을 인정하고 그것을 함께 다루자는 초대가 되어야 한다. 건강한 관계는 서로의 과거 상처와 전이 패턴을 이해하고 존중하며, 새로운 경험을 통해 과거를 치유한다. 과거에 배신당한 적이 있다면 현재의 신뢰할 수 있는 관계는 새로운 경험을 제공하고 과거의 상처를 서서히 치유할 것이다.

전이 현상을 이해하면 타인에 대한 우리의 판단과 반응이 얼마나 주관적인지 깨닫게 된다. 누군가를 싫어하거나 불편해한다면 그것은 그 사람 자체의 문제가 아니라 우리 안의 무언가가 반응하는 것일 수 있다. 누군가를 과도하게 이상화하고 의존한다면 그것은 그 사람이 완벽해서가 아니라 우리의 무의식이 과거의 욕구를 투사하는 것이다. 이 인식은 겸손함을 가져온다. 자신의 인식이 절대적 진실이 아니라 과거 경험의 렌즈를 통한 해석임을 받아들이게 된다. 이것이 우리를 더 자유롭게 만든다. 과거의 패턴에 자동으로 반응하는 대신, 현재의 상황을 있는 그대로 보고 의식적으로 선택할 수 있는 공간이 생긴다. 전이를 인식하는 것은 과거로부터의 해방이며 진정한 현재를 사는 것이다.

지금 서 있는 자리에서 자신의 관계를 성찰해보자. 최근 누군가와 갈등을 겪었다면 그 갈등 안에서 과거의 그림자를 발견할 수 있는가? 강렬하게 반응한 순간들을 떠올려보는 것이다. 그 강렬함은 현재 상황만으로 설명되지 않을 수 있다. 과거의 누군가가 겹쳐 보였을 수 있다. 반복해서 끌리는 사람의 유형이 있다면 그들이 과거의 누구를 닮았는가? 관계에서 늘 맡는 역할이 있다면 그것은 언제부터 시작되었는가? 이 질문들에 답하는 과정이 바로 자기 인식의 여정이며 반복에서 벗어나는 길이다. 전이를 이해한다는 것은 자신을 비난하는 것이 아니라 무의식의 작동을 의식의 빛으로 비추는 것이다. 그 빛 속에서 우리는 더 이상 과거의 포로가 아니라 현재를 선택하는 자유로운 존재가 된다.

"패턴을 보는 자가

패턴에서 벗어난다."

• 05 신경증의 근원 •

도피할수록 현실은 더 무거워진다

"신경증은 현실로부터의 도피다."

— 지그문트 프로이트, 《신경증과 정신병》

밤마다 문이 잠겼는지 세 번씩 확인하는 사람이 있다. 분명히 잠갔다는 걸 알면서도 다시 돌아가 확인한다. 발표만 앞두면 손에 땀이 나고 심장이 두근거리는 사람이 있다. 아무 이유 없이 불안이 밀려오고 이유를 알 수 없는 공포에 사로잡히는 사람이 있다. 프로이트는 이런 증상들을 '신경증'이라 불렀고, 그 안에서 무의식의 언어를 읽어냈다. 신경증은 '자아와 이드 사이 갈등의 결과'다. 본능적 욕구를 추구하는 이드와 현실에 적응해야 하는 자아가 충돌할 때, 자아는 받아들일 수 없는 욕구를 의식 밖으로 밀어낸다. 하지만 밀어낸 것들은 사라지지 않는다. 억압된 욕구는 불안, 강박, 공포라는 증상의 옷을 입고 되돌아온다. 현실이 감당하기 어렵거나 욕망을 채워주지 못할 때, 사람은 상상 속으로 물러가 만족을 찾게 된다. 신경증은 특별한 사람들만의 문제가 아니다. 그것은 현실의 무게를 견디지 못하고 무의식적으로 도피처를 찾는 인간의 보편적 반응 양식이다. 감당하기 어려운 진실 앞에서 눈을 감고 해결할 수 없는 갈등 앞에서 회피하며 충족되지 않는 욕구 앞에서 환상의 세계로 숨어든다. 그리고 그 대가로 불안과 강박과 공포라는 증상을 지불하게 된다. 이 통찰은 현대를 살아가는 우리 대부분에게 뼈아픈 진실을 전한다. 지금 우리는 현실을 직면하고 있는가, 아니면 환상 속에 도피해 있는가? 이 질문에 즉답하기 어렵다면 이미 신경증의 메커니즘 안에 들어와 있을 가능성이 크다.

신경증의 발생은 정신적 나약함의 결과가 아니다. 그것은 견디기 어려운 현실과 충족되지 못한 욕구 사이의 견딜 수 없는 갈등에서 발생하는 필연적 현상이다. 원하는 것과 가진 것 사이, 혹은 바라는 삶과 실제로 살아가는 삶 사이의 격차가 너무 클 때 정신은 무너지지 않기 위해 방어기제를 작동시킨다. 현실을 있는 그대로 받아들이는 것이 고통스러울 때 무의식은 현실을 왜곡하거나 부정하거나 환상으로 대체하는 방법을 선택한다. 이것은 의지의 문제가 아니다. 그것은 정신이 자신을 보호하기 위해 자동으로 작동시키는 생존 메커니즘이다. 문제는 이러한 방어가 단기적으로는 고통을 완화시키지만, 장기적으로는 더 큰 고통을 만들어낸다는 점이다. 현실로부터의 도피는 결코 진정한 해결책이 될 수 없다.

현대인의 삶은 신경증을 양산하는 완벽한 조건들로 가득하다. 끝없는 경쟁 속에서 사람들은 성공해야 한다는 압박을 받고, 소셜 미디어를 통해 타인의 완벽해 보이는 삶과 자신을 끊임없이 비교한다. 그리고 충족되지 않는 욕구와 이루지 못한 꿈들을 매일 마주한다. 사랑받고 싶지만 거절당할까 두려워하고, 인정받고 싶지만 실패할까 불안해하며, 자유롭고 싶지만 책임을 져야 하는 현실에 묶여 있다. 이러한 갈등은 너무 복잡하고 해결하기 어려워서 정신은 그것들을 의식에서 밀어내고 무의식의 깊은 곳에 묻어버린다. 하지만 묻는다고 해서 사라지는 것이 아니다. 억압된 것은 반드시 돌아온다. 그것들은 무의식 속에서 계속 활동하며 증상이라는 형태로 삶에 영향을 미친다. 불안과 강박과 공포는 그냥 생긴 것이 아니다. 그것들은 회피하고 있는 무언가가 있다는 명확한 신호다.

불안 장애, 강박 증상, 공포증은 내면의 심리적 갈등이 신체화되고 증상화된 표현이다. 설명할 수 없는 불안에 시달린다면 그것은 의식에서 인정하지 않으려는 어떤 욕구나 갈등이 있다는 뜻이다. 특정 행동을 반복적으로 확인하고 점검하는 강박에 사로잡혀 있다면 그것은 통제할 수 없는 현실에 대한 무의식적 대응이다. 특정 상황이나 대상에 대해 비합리적인 공포를 느낀다면 그것은 전혀 다른 어떤 것에 대한 두려움이 치환되어 나타난 것이다. 증상은 무작위로 나타나지 않는다. 증상은 억압된 소망이 왜곡된 형태로 충족을 찾는 것이다. 그래서 증상은 정확하게 내면 갈등의 성격과 구조를 반영한다. 사회적 불안을 가진 사람은 타인의 평가와 거절에 대한 깊은 두려움을 가지고 있다. 건강염려증에 시달리는 사람은 삶과 죽음에 대한 근원적 불안을 품고 있다. 완벽주의적 강박을 가진 사람은 자신이 불완전하다는 것을 받아들이지 못하는 내적 갈등을 느끼고 있다.

증상은 고통스럽다. 그것은 일상을 방해하고 관계를 어렵게 만들며 삶의 질을 떨어뜨린다. 누구나 이 증상에서 벗어나고 싶어 한다. 하지만 역설적이게도 증상은 동시에 무의식적으로는 이차적 이득과 심리적 방어를 제공한다. 프로이트는 이를 '질병으로의 도피'라고 불렀다. 광장공포증을 가진 사람은 집 밖으로 나갈 수 없다는 증상 때문에 고통받지만, 동시에 그 증상은 실패할 수 있는 세상과 마주하지 않아도 되는 정당한 이유를 제공한다. 사회불안을 가진 사람은 대인관계에서의 어려움 때문에 괴로워하지만, 동시에 그 증상은 거절당하거나 상처받을 위험에서 자신을 보호한다. 강박증이 있는 사람은 반복적인 확인 행동에 시간과 에너지를 소진하지만, 동시에 그 행동은 통제할 수 없는 불안에 대한 일시적 안도감을 제공한다. 이것이 증상이 쉽게 사라지지 않는 이유다. 의식적으로는 고통스럽지만 무의식적으로는 필요한 기능을 수행하고 있기 때문이다. 증상은 현실을 회피하게 해주는 '합법적 구실'인 셈이다.

많은 사람들이 아마도 증상을 제거하고 싶어 할 것이다. 약물을 복용하고 회피 전략을 개발하고 증상이 나타나지 않도록 상황을 조절하려 할 것이다. 하지만 이러한 접근은 근본적인 해결책이 될 수 없다. 왜냐하면 증상은 문제 그 자체가 아니라 문제의 표현이기 때문이다. 증상은 무의식이 보내는 메시지다. 그것은 '여기 해결되지 않은 갈등이 있다'고, '여기 직면하지 않은 현실이 있다'고, '여기 충족되지 않은 욕구가 있다'라고 말하고 있다. 증상만 제거하려 하는 것은 화재

경보기가 시끄러우니 경보기를 부수는 것과 같다. 불을 끄지 않는 한, 경보는 계속 울릴 것이다. 증상을 억압하면 다른 형태로 나타난다. 불안을 억누르면 신체 증상으로 나타나고 강박을 억제하면 우울이 찾아온다. 해야 할 일은 증상을 없애는 것이 아니라 증상이 말하고자 하는 것을 듣는 것이다.

그렇다면 신경증의 치유는 어디서 시작되는가? 프로이트의 대답은 명확하다. 환상이 아닌 현실로 돌아가는 것이다. 진정한 치유는 회피했던 현실과 갈등을 정면으로 직면하고 통합하는 용기 있는 과정이다. 이것은 쉬운 일이 아니다. 그토록 피하고 싶었던 것을 마주하는 것은 고통스럽다. 인정하고 싶지 않았던 자기 모습을 보는 것은 수치스럽다. 충족되지 않는다는 것을 받아들이는 것은 슬픈 일이다. 하지만 이 고통을 피하기만 하면 신경증의 감옥에서 벗어날 수 없다. 저항을 극복하는 것은 시간이 걸리는 작업이다. 그러나 그 시간을 견디는 것만이 유일한 길이다. 직면은 단순히 현실을 인정하는 것만을 의미하지 않는다. 그것은 그 현실 속에서 느끼는 감정들을 온전히 경험하는 것을 의미한다. 사랑받지 못한다고 느낀다면 그 슬픔을 느껴보고, 원하는 것을 얻지 못한다면 그 좌절을 느껴보는 것이다. 두려움을 가지고 있다면, 그 두려움을 느껴보는 것이다. 감정을 억압하지 말고, 회피하지 말고, 있는 그대로 경험해보는 것은 어떨까. 감정은 느껴지고 표현될 때 비로소 해소된다.

현실을 직면한다는 것은 또한 자신의 욕구를 솔직하게 인정하는 것을 의미한다. 신경증의 핵심에는 항상 억압된 욕구가 있다. 인정하기 망설여지는 욕구, 사회적으로 용납되지 않는다고 생각하는 욕구, 도덕적으로 올바르지 않다고 판단하는 욕구가 있다. 이러한 욕구들은 의식에서 억압되지만 무의식 속에서 계속 활동하며 증상을 만들어낸다. 사람들은 인정받고 싶어 한다. 사랑받고 싶어 한다. 자유롭고 싶어 한다. 성공하고 싶어 한다. 이러한 욕구들은 부끄러운 것이 아니다. 그것들은 인간의 자연스러운 욕구다. 문제는 욕구 자체가 아니라 욕구를 인정하지 못하고 억압하는 것이다. 억압된 욕구가 증상이 되어 돌아오는 것이 신경증의 본질이다. 욕구를 인정한다고 해서 그것을 무조건 추구해야 하는 것은 아니다. 하지만 그것이 있다는 사실을 인정하는 것은 치유의 필수 조건이다.

직면의 과정에서 사람은 자신의 한계를 받아들여야 한

다. 신경증은 종종 현실과 이상 사이의 간극을 받아들이지 못하는 데서 발생한다. 현실이 주는 것과 환상이 약속하는 것 사이의 격차가 너무 클 때 사람은 현실 대신 환상을 선택하게 된다. 누구도 완벽하지 않다. 모든 것을 가질 수 없다. 모든 사람에게 사랑받을 수 없다. 모든 목표를 달성할 수 없다. 이것은 패배주의가 아니라 현실주의다. 한계를 받아들인다는 것은 포기하는 것이 아니라 현실적인 범위 내에서 최선을 다하는 것을 의미한다. 많은 신경증 환자들은 '전부 아니면 전무'의 사고방식에 갇혀 있다. 완벽하게 사랑받지 못한다면 전혀 사랑받지 못하는 것과 같다고 생각하고, 완전한 성공을 이루지 못한다면 완전한 실패라고 생각한다. 이러한 극단적 사고야말로 현실을 견딜 수 없게 만들고 환상으로의 도피를 부추긴다. 삶은 흑과 백이 아니라 수많은 회색의 스펙트럼이다. 불완전한 사랑도 의미가 있고, 부분적인 성공도 가치가 있으며, 제한된 행복도 소중하다.

신경증 치유의 핵심은 분열된 자기를 통합하는 것이다. 신경증 환자는 자신의 일부를 받아들이지 못하고 억압하거나 부인한다. 받아들일 수 없는 욕구, 인정하기 싫은 감정, 마주하고 싶지 않은 현실을 의식에서 밀어낸다. 하지만 밀어낸

것들은 사라지지 않고 증상이 되어 나타난다. 통합은 이러한 분열을 치유하고 자신의 모든 부분을 인정하고 수용하는 것을 의미한다. 모든 사람 안에는 선한 면도 있고 악한 면도 있다. 강한 면도 있고 약한 면도 있다. 사랑스러운 면도 있고 미운 면도 있다. 이 모든 것이 그 사람 자신이다. 인정하고 싶은 부분만 자신인 것이 아니라 부인하고 싶은 부분도 자신이다. 자신의 어두운 면을 인정할 때, 그것은 더 이상 증상으로 위장해서 나타날 필요가 없어진다.

신경증의 뿌리는 종종 과거의 미해결된 갈등에 있다. 충족되지 않았던 욕구, 받지 못했던 사랑, 겪었던 상처들이 무의식 속에 남아 현재의 증상을 만들어낸다. 과거를 바꿀 수는 없다. 하지만 과거에 대한 해석과 반응은 바꿀 수 있다. 과거의 사건 그 자체가 아니라, 그 사건에 대한 의미 부여가 현재의 나를 만든다. 중요한 것은 과거의 상처를 현재의 증상과 연결해서 이해하는 것이다. 왜 특정 상황에서 불안이 밀려오는지, 왜 특정 관계에서 공포를 느끼는지 그 뿌리를 찾아가는 것이 신경증 치유의 핵심이다. 과거를 미화할 필요도 없고, 과거를 원망할 필요도 없다. 단지 있었던 일을 있는 그대로 보고 그것이 나에게 미친 영향을 인정하면 된다. 이제는 다르게 살 수 있다는 것을 깨닫는 것으로 충분하다.

스스로에게 물어보아야 한다. 나는 지금 무엇으로부터 도피하고 있는가? 나는 어떤 현실을 직면하지 못하고 있는가? 나의 증상은 무엇을 말하려고 하는가? 이 질문들은 우리를 불편하게 만든다. 이 질문들을 피하고 싶을 것이다. 하지만 이 질문들과 마주하는 것이 치유의 시작이다. 정직하게 답해 보자. 변명하거나 합리화하지 말고. 있는 그대로의 진실을 보자. 가장 인정하고 싶지 않은 것, 가장 피하고 싶은 것이 바로 직면해야 할 것이다. 저항이 가장 큰 곳에 핵심이 있다. 불편함을 느끼는 그 지점이 바로 탐구해야 할 지점이다.

신경증에서 벗어나는 것은 완벽해지는 것을 의미하지 않는다. 그것은 환상의 세계에서 현실의 세계로 돌아오는 것이다. 불완전한 자신과 불완전한 현실 속에서도 의미 있게 살아가는 법을 배우는 것이다. 사람들은 여전히 불안을 느낄 것이며 여전히 갈등을 경험할 것이다. 또, 여전히 충족되지 않는 욕구를 가질 것이다. 하지만 이제 그것들을 다르게 다룰 수 있다. 회피하는 대신 직면하고, 억압하는 대신 인정하고, 환상에 도피하는 대신 현실을 받아들일 수 있다. 이것이 성숙이고 치유이며 자유다.

현대 사회는 사람들에게 환상을 판매한다. 완벽한 몸, 완벽한 관계, 완벽한 성공, 완벽한 행복을 약속한다. 소셜 미디어는 다른 사람들의 편집된 삶을 보여주며 우리의 현실이 부족하다고 속삭인다. 광고는 제품을 사면 행복해질 것이라고 유혹한다. 자기계발서는 노력하면 무엇이든 될 수 있다고 말한다. 이 모든 것은 현실과 환상 사이의 간극을 벌린다. 그리고 그 간극이 커질수록 신경증의 토양은 비옥해진다. 불안과 좌절은 깊어진다. 이러한 환상들로부터 자유로워지는 것이 필요하다. 완벽함의 신화를 버리고, 비교의 함정에서 벗어나야 한다. 불완전하고 제한적이지만 있는 그대로의 현실을 받아들여 보는 것은 어떨까. 이것이 진정한 자유의 시작이다.

치유의 여정에서 누구도 혼자가 아니다. 프로이트가 개발한 정신분석은 바로 이 여정을 함께하는 방법이었다. 분석가와의 대화 속에서 무의식의 언어를 해독하고, 증상의 의미를 이해하며, 환상에서 현실로 돌아오는 길을 찾는 것이다. 도움을 요청하는 것은 약함이 아니라 강함의 표시다. 전문적인 치료를 받는 것을 두려워하지 않아도 된다. 신뢰할 수 있는 사람과 자신의 이야기를 나눠보는 것은 어떨까. 혼자서 모든 것을 해결하려고 하지 않아도 된다. 누군가의 고통을 이해하고 공감해줄 수 있는 사람의 존재는 치유 과정에서 결정적으로 중요하다. 판단받지 않고 온전히 수용되는 경험은 깊은 치유의 힘을 가지고 있다. 환상이 아닌 현실을 선택하기로 결심할 때, 그리고 회피가 아닌 직면을 선택하기로 결심할 때 삶은 변화하기 시작한다. 그 길은 쉽지 않지만 진실한 길이다. 편안하지는 않지만 자유로 가는 길이기도 하다. 이제 현실을 직면할 용기를 가져보자. 자신의 진실을 마주할 용기를 가져보자. 신경증의 감옥에서 벗어나 진정한 삶을 살아갈 수 있다.

"환상은 달콤하지만
만족을 주지 못한다.

현실만이,
아무리 고통스럽더라도,
진정한 충족을 허락한다."

불편한 곳에 답이 있다

"비밀을 지킬 수 있는 사람은 아무도 없다.
입술이 침묵하면 손가락 끝으로 수다를 떨고,
모든 구멍에서 배신이 새어나온다."

— 프로이트, 《도라: 히스테리 분석의 단편》

건강검진을 받아야 한다는 것을 알면서도 계속 미루고 있지 않은가? 오래전부터 해야 할 중요한 대화를 앞두고 "오늘은 타이밍이 아닌 것 같아"라며 피하고 있지 않은가? 우리는 이상하게도 '꼭 해야 할 일'일수록 더 피하게 된다. 특히 그 일이 자신의 불편한 진실과 연결되어 있을 때 더욱 그렇다. 보물찾기에는 묘한 규칙이 있다. 보물은 항상 가장 찾기 싫은 곳, 가장 어둡고 불편한 곳에 숨겨져 있다. 프로이트는 치료실에서 이와 똑같은 원리를 발견했다. 환자들이 유독 피하려는 주제, 말하다가 갑자기 멈추는 지점, 화제를 돌리거나 갑자기 졸음을 호소하는 순간, 바로 그곳에 병의 핵심이 있었다. 가장 가기 싫어하는 곳에 가장 중요한 것이 묻혀 있었던 것이다. 그는 이 역설을 깨달았다. 무의식이 가장 강하게 막아서는 곳이야말로 반드시 들어가야 할 곳이라는 것을. 어떤 주제가 언급될 때 갑자기 화제를 돌리거나 특정 기억을 떠올리려 할 때 강한 불편함을 느끼거나, 또는 누군가의 지적에 과도하게 방어적으로 반응한다면 그 안에 무언가 있다. 무의식은 그곳에 중요한 무언가가 있다는 사실을 정확히 알고 있다. 그래서 그곳으로부터 멀어지게 하려고 온갖 방법을 동원하여 저항하는 것이다. 저항은 가장 두려워하는 진실을 가리키는 정확한 나침반이며, 바로 그 지점이야말로 반드시 탐색해야 할 핵심이다.

우리는 스스로에 대해 모두 안다고 착각하며 살아간다. 자기 행동과 감정의 이유를 명확히 설명할 수 있다고 믿으며, 자신은 합리적이고 일관된 존재라고 생각한다. 하지만 프로이트가 발견한 무의식의 세계는 이러한 자기 확신이 얼마나 취약한 환상인지를 보여준다. 정신은 끊임없이 자기 자신을 속이고 진실을 왜곡하며 불편한 현실을 회피하려고 작동한다. 이것이 바로 저항의 본질이다. 저항은 게으름이나 의지 부족의 문제가 아니다. 그것은 정신이 견딜 수 없는 고통과 위협으로부터 자신을 보호하기 위해 자동으로 작동시키는 정교한 방어 체계다. 억압된 기억, 받아들일 수 없는 욕망, 인정하기 싫은 감정은 의식의 수면 위로 떠오르지 못하도록 강력하게 차단된다. 그리고 그 차단된 영역에 가까이 다가가려 할 때마다 무의식은 경보음을 울리며 되돌려 보내려 한다.

저항은 다양한 형태로 나타나는데 가장 흔한 형태는 '부정'으로, 불편한 사실 자체를 인정하지 않는 것이다. '나는 그런 사람이 아니야', '그런 일은 없었어', '그건 별로 중요하지 않아'라고 말하며 불편한 진실을 단호히 거부한다. 또 다른 형태는 '합리화'로, 자기 행동에 그럴듯한 이유를 갖다 붙이는 것이다. 진짜 동기는 숨긴 채 사회적으로 용인되는 설명을 만들어낸다. 누군가를 무시하고 상처 주는 행동을 '솔직한 것뿐'이라고 포장하고, 책임을 회피하는 것을 '자기 돌봄'이라고 정당화한다. '지적화'라는 방어 기제도 있다. 감정을 느끼는 대신 머리로만 분석하고 이해하려는 것이다. 이론과 개념으로 자신을 무장하여 진짜 감정적 경험으로부터 거리를 둔다. 어떤 사람들은 유머로 진지한 대화를 회피하고, 어떤 사람들은 분노로 자신의 취약함을 감추며, 어떤 사람들은 침묵 속으로 도피한다. 이 모든 것이 저항의 얼굴들이다.

심리 상담을 받거나 자기 성찰을 시도할 때 특정 주제를 계속 피해 간다면 주의 깊게 관찰할 필요가 있다. 대화 중에 갑자기 졸음이 쏟아지거나 다음 약속을 잊어버리거나 중요한 순간에 다른 일이 생겨서 참석하지 못한다면 여기에는 모두 이유가 있다. 무의식이 의식적 탐색을 방해하기 위해 신체적 증상까지 동원하는 것이다. 프로이트는 이와 같은 저항을 '끈질기고 완강한 힘'이라고 표현했다. 환자들이 치료의 핵심적 순간에 갑자기 예약을 취소하거나 대화 중간에 말문이 막히는 현상을 수없이 목격했다. 이런 순간이야말로 치료가 진짜 문제의 핵심에 다가가고 있다는 증거였다. 저항이 강하다는 것은 그곳에 강력한 에너지가 억압되어 있다는 의미이며, 바로 그 에너지가 해방될 필요가 있다. 가장 이야기하고 싶지 않은 것, 가장 생각하기 싫은 것, 가장 느끼고 싶지 않은 것이 바로 다루어야 할 진짜 문제다.

현대인들은 책을 읽고, 심리학 강의를 듣고, 명상과 요가를 실천하며 자신을 변화시키려 노력한다. 하지만 대부분의 시도가 표면적 수준에 머무는 이유는 바로 저항을 피해 가기 때문이다. 우리는 편안하고 안전한 영역 안에서만 자기 탐색을 하려 한다. 기분 좋은 긍정의 메시지를 받아들이고, 자신의 강점을 확인하고, 이미 알고 있는 것을 재확인하는 데 만족한다. 그러나 진정한 변화는 불편한 곳, 고통스러운 곳, 두려운 곳으로 들어갈 때만 일어난다. 읽다가 책을 덮고 싶어지는 그 페이지, 대화 중에 화제를 돌리고 싶어지는 그 순간, 생각하다가 다른 생각으로 도망가고 싶어지는 그 지점이 바로 성장 지점이다. 저항을 만났을 때 회피하지 않고 호기심을 가져보자. "왜 나는 이것이 이렇게 불편할까? 내가 여기서 무엇을 두려워하는가? 이 저항 뒤에 어떤 진실이 숨어 있는가?" 이런 질문을 던지며 저항 속으로 더 깊이 들어가는 것이다.

저항은 때로 완벽주의의 형태로 나타나기도 한다. "지금은 준비가 안 됐어.", "조건이 완벽하게 갖춰지면 시작할게.", "좀 더 공부하고 나서 행동할게."라며 영원히 준비만 하고 실행은 미룬다. 이것은 실패와 실망의 가능성으로부터 자신을 보호하려는 저항이다. 또 어떤 사람들은 바쁨과 생산성으로 자신을 채우며 진짜 감정을 느낄 시간과 공간을 주지 않는다. 끊임없이 일하고, 스케줄을 빼곡히 채우고, 한순간도 멈추지 않음으로써 내면의 목소리를 듣지 않으려 한다. 이것 역시 저항이다. 중독과 강박 행동도 저항의 한 형태다. 술, 쇼핑, 게임, 음식, 소셜미디어 등으로 자신을 마비시키며 직면해야 할 고통과 공허함을 회피한다. 이 모든 패턴의 공통점은 진짜 문제로부터의 도피다. 자신이 무엇으로부터 도망치고 있는지 정확히 아는 것이 중요하다.

저항을 돌파하는 것은 용기가 필요하다. 오랫동안 회피해온 기억을 꺼내는 것, 인정하기 싫었던 감정을 느끼는 것, 자신의 어두운 면을 바라보는 것은 고통스러운 경험이다. 하지만 프로이트가 수많은 환자들을 통해 증명했듯이 억압된 것을 의식의 빛으로 끌어올리는 순간 치유가 시작된다. 표현되지 않은 감정은 사라지지 않는다. 그것은 무의식에 그대로 남아 나중에 더 강한 형태로 나타난다. 말할 수 없었던 것을 말하게 되고, 느낄 수 없었던 것을 느끼게 되며, 알 수 없었던 것을 알게 될 때, 그것은 더 이상 무의식적으로 지배하지 못한다. 억압은 엄청난 심리적 에너지를 소모한다. 끊임없이 특정 생각과 감정을 의식 밖으로 밀어내기 위해 막대한 노력을 기울이는 것이다. 이 에너지가 방어가 아닌 성장에 사용될 때 비로소 진정한 자유를 경험하게 된다. 저항을 돌파한다는 것은 자신의 전체성을 회복하는 것이며, 부인하고 배제했던 자신의 일부를 다시 통합하는 것이다.

일상을 돌아보는 것도 좋다. 어떤 관계에서 계속 같은 문제가 반복되는데도 그 패턴을 인정하지 않으려 하는가? 어떤 감정은 절대 느끼지 않으려고 즉시 억누르거나 다른 것으로 대체하는가? 어떤 과거의 사건은 생각만 해도 불편해서 빨리 다른 생각으로 넘어가는가? 어떤 성격적 특성은 자신에게는 절대 없다고 강하게 부정하는가? 이 모든 지점이 저항 지점이다. 저항이 있다는 것은 그곳에 아직 다루어지지 않은 심리적 과제가 있다는 의미다. 유독 비판적으로 반응하는 타인의 특성은 자신 안에 있는 억압된 특성의 투사일 수 있다. 과도하게 정당화하고 변명하는 행동 패턴은 사실 자신도 그것이 문제라는 것을 알고 있다는 증거다. 절대 이야기하지 않는 주제는 아마도 가장 중요한 주제일 것이다.

저항은 부끄러워할 일이 아니다. 그것은 자연스러운 심리적 현상이며 모든 인간이 가진 보편적 방어 기제다. 중요한 것은 저항의 존재를 부정하지 않고 인정하는 것이다. "나는 지금 저항하고 있구나. 이 불편함은 내가 중요한 지점에 다가가고 있다는 신호구나"라고 인식할 수 있어야 한다. 저항을 알아차리는 순간, 이미 저항의 지배에서 한 걸음 벗어난 것이다. 무의식적으로 작동하던 방어 기제가 의식의 빛에 노출되면 그것은 자동성을 잃고 선택 가능한 대상이 된다. 이제 저항을 따를 수도, 용기를 내어 저항을 돌파할 수도 있다. 선택권이 자신에게 있다.

저항을 다루는 실천적 방법은 이렇다. 먼저, 자신의 저항 패턴을 관찰하고 기록하는 것이다. 어떤 상황에서, 어떤 주제에서, 어떤 감정에서 저항이 일어나는지 구체적으로 파악한다. 그리고 그 저항의 형태를 정확히 인식한다. 부정하는가, 합리화하는가, 회피하는가, 공격하는가? 둘째, 저항을 느낄 때 멈추고 그 불편함을 조금 더 견뎌보는 것이다. 즉시 도망가지 말고 그 자리에 머무르며 "이 불편함은 무엇을 말하는가?"라고 물어보는 것이다. 셋째, 작은 단계부터 시작하여 점진적으로 저항을 돌파하는 것이다. 한 번에 모든 것을 직면하려 하면 압도되어 다시 도망가게 된다. 조금씩, 견딜 수 있는 만큼만, 하지만 지속적으로 저항의 영역으로 들어가는 것이다. 넷째, 신뢰할 수 있는 사람과 함께 이 과정을 하는 것이다. 전문 치료사, 깊은 우정을 나누는 친구, 또는 공동체의 지지는 저항을 돌파하는 데 큰 힘이 된다.

프로이트는 저항을 치료의 장애물이 아니라 오히려 치료

의 핵심 재료로 보았다. 저항이 나타나는 방식, 시점, 강도는 환자의 무의식 구조에 대한 중요한 정보를 제공한다. 자신의 저항을 탐구의 대상으로 삼는 것도 좋다. 저항과 싸우지 말고 저항을 관찰하고 이해하는 것이다. '나는 왜 이것을 이렇게 회피하고 싶어 하는가? 내가 두려워하는 것은 정확히 무엇인가? 만약 이것을 직면한다면 어떤 일이 벌어질까? 내가 잃게 될까 두려워하는 것은 무엇인가?'라는 질문들을 통해 탐색한다. 종종 우리가 발견하는 것은, 우리가 두려워하던 것이 실제로는 그렇게 위협적이지 않다는 사실이다. 또는 그것을 직면하는 것이 회피하는 것보다 훨씬 덜 고통스럽다는 사실이다. 저항 뒤에 숨은 진실은 대개 우리가 상상하던 괴물이 아니라 오랫동안 인정받기를 기다려온 상처받은 자아의 일부다.

이 글을 읽으며 불편함을 느낀다면 주목해 볼 만하다. 어떤 부분에서 방어적으로 변하고, 어떤 문장에서 거부감이 들며, 어떤 지점에서 다른 생각으로 넘어가고 싶어지는가? 바로 그 지점이 작업 지점이다. 많은 사람들이 책을 읽으면서도 자신에게 불편한 부분은 건너뛰거나 '이건 나한테는 해당 안 돼'라며 외면한다. 이것이 바로 저항이다. 진정한 성장을 원한다면 불편한 곳에서 멈추고 더 깊이 들어가야 한다. 쉽고 편안한 조언만 받아들인다면 이미 알고 있는 것만 확인하고 이미 하고 있는 것만 계속할 것이다. 변화는 저항의 경계선을 넘어설 때 시작된다.

저항을 다루는 과정은 마치 고고학적 발굴과 같다. 표면의 흙을 조심스럽게 걷어내고, 층층이 쌓인 시간을 통과하며, 오래 묻혀 있던 유물을 햇빛 아래로 끌어올린다. 프로이트는 이 과정을 '철저히 해내기'라고 불렀다. 이 과정은 느리고 인내심이 필요하지만, 발견하는 것들은 자신이 누구인지, 왜 지금의 모습이 되었는지에 대한 귀중한 답을 제공한다. 억압된 기억, 부인된 감정, 숨겨진 욕망은 무의식의 어둠 속에서 삶을 은밀하게 조종해 왔다. 그것들을 의식의 빛으로 가져와 직접 바라보는 순간, 비로소 그것들을 다룰 수 있는 힘을 갖게 된다. 무의식적 충동이 지배하던 영역을 의식적 선택의 영역으로 전환하는 것, 이것이 프로이트가 말한 정신분석의 목표다.

현대 사회는 저항을 강화하는 무수한 도구들을 제공한다. 스마트폰이나 각종 콘텐츠, 소셜미디어, 게임은 언제든지 불편한 감정과 생각으로부터 도망칠 수 있는 즉각적 출구를 제공한다. 외로움을 느끼는 순간 스마트폰을 집어 들고, 불안을 느끼는 순간 영상을 켜고, 공허함을 느끼는 순간 쇼핑 앱을 연다. 이런 회피는 일시적 안도감을 줄 뿐, 근본적 문제는 해결되지 않고 오히려 깊어진다. 진정한 치유는 도망가지 않고 머무를 때, 산만함으로 채우지 않고 고요히 직면할 때 시작된다. 하루에 몇 분이라도 모든 자극과 산만함을 차단하고 자신의 내면과 단둘이 있는 시간을 가져보자. 처음에는 불편하고 지루하고 견디기 힘들 것이다. 이것이 바로 그동안 회피해온 것이다. 하지만 이 불편함을 견디고 그 안에 머무를 때, 자신의 진짜 모습을 만나게 된다.

저항의 가장 큰 역설은 이것이다. 우리가 가장 회피하고 싶은 것이 바로 우리를 자유롭게 한다는 것이다. 가장 무서워하는 감정을 온전히 느낄 때 그 감정은 더 이상 지배하지 못한다. 가장 부끄러워하는 자신의 면을 인정할 때 그 부끄러움은 힘을 잃는다. 가장 슬픈 기억을 꺼내어 애도할 때 그 슬픔은 비로소 가라앉는다. 치유는 회피가 아니라 직면에서, 부정이 아니라 수용에서, 저항이 아니라 항복에서 찾아온다. 프로이트는 정신분석의 근본 규칙을 이렇게 제시했다. '머릿속에 떠오르는 것은 무엇이든, 아무리 불쾌하거나 사소하거나 부적절해 보여도 그대로 말하라.' 가장 말하고 싶지 않은 것을 말하는 것이다. 자신에게도 이렇게 말해볼 수 있다. '나는 가장 느끼고 싶지 않은 것을 느낄 것이다. 가장 생각하고 싶지 않은 것을 생각할 것이다. 가장 인정하고 싶지 않은 것을 인정할 것이다.'

저항을 돌파하는 여정은 쉽지 않다. 때로는 두 걸음 전진하고 한 걸음 후퇴하는 것처럼 느껴질 것이다. 용기를 냈다가 다시 두려워지고, 직면했다가 다시 회피하고 싶어지는 순간들이 반복될 것이다. 이것은 자연스러운 과정이다. 완벽을 기대하지 않는 것이 좋다. 중요한 것은 방향이다. 점점 더 자신의 진실에 가까이 다가가고 있는가? 예전에는 절대 건드리지 못했던 주제를 이제는 조금씩 탐색할 수 있는가? 이전에는 즉시 회피했던 감정을 이제는 몇 초라도 더 견딜 수 있는가? 이런 작은 진전들이 쌓여 결국 큰 변화를 만든다. 프로이트의 정신분석 치료가 종종 수년이 걸렸던 이유와도 같다. 오랜 시간 쌓인 방어와 저항을 허물고 무의식의 깊은 곳으로 들어가는 일은 그만큼 시간이 걸리는 작업이기 때문이다. 조급해하지도 말고, 그렇다고 포기하지도 말아야 한다.

삶에서 반복되는 문제들을 생각해볼 수 있다. 비슷한 사람과 관계를 맺을 때마다 같은 상처를 반복하거나 새로운 일을 시작할 때마다 비슷한 지점에서 포기하고, 기회가 찾아올 때마다 스스로 망치는 행동을 되풀이하지는 않는가? 이는 무의식이 특정한 방향으로 몰아가고 있는 것이다. 그리고 그 방향을 바꾸려면 무의식이 그렇게 몰아가는 이유를 이해해야 한다. 그 이유는 저항 너머에 있다. 회피하는 진실, 부인하는 욕망, 억압하는 감정 속에 답이 있다. 저항이 가장 강한 곳으로 가보자. 그곳에 핵심이 있고, 자유가 있고, 변화가 있다. 이것이 프로이트가 평생의 작업을 통해 우리에게 전하는 메시지다. 도망치지 않고 불편함 속으로 들어가야 한다. 불편함 속으로 들어가는 것이다. 저항이 가리키는 곳으로 가는 것이다. 그곳에 찾는 모든 것이 있다.

"가장 피하고 싶은 곳에

가장 중요한 것이 묻혀 있다."

제3부

자아의 불안정

: 나는 왜 나를 온전히 통제하지 못하는가

문명이라는 이름의 억압, 본능이라는 이름의 자유 | 내 안의 낯선 나를 만나는 법 | 본능을 다스리는 자가 자신을 다스린다 | 내 안의 가장 잔인한 재판관 | 유머는 가장 우아한 저항이다 | 사랑은 눈을 멀게 하고, 그래서 아름답다 | 자신을 사랑해야 타인을 사랑할 수 있다

• 01 문명과 본능 •

문명이라는 이름의 억압, 본능이라는 이름의 자유

"문명은 본능의 포기 위에 세워졌다."

— 프로이트, 《문명 속의 불만》

1908년 어느 날, 빈의 한 강연장에서 프로이트가 입을 열었다. "신사 숙녀 여러분, 우리 사회가 사람들을 병들게 만들고 있습니다." 청중석이 술렁였다. 당시는 빅토리아 시대였다. 여성은 발목을 보이는 것조차 수치스러워했고, 남녀가 결혼 전에 손을 잡는 것도 스캔들이었다. 성욕은 더러운 것, 참아야 할 것, 숨겨야 할 것으로 여겨졌다. 모두가 그것을 당연하게 받아들이던 시절이었다. 하지만 프로이트의 진료실에는 원인 모를 증상을 호소하는 환자들이 줄을 섰다. 멀쩡한 신체인데 팔다리가 마비되고, 아무 이유 없이 공황 발작이 일어나고, 만성적인 두통과 불면에 시달렸다. 의사들은 신체 검사를 했지만 아무 문제도 발견하지 못했다.

프로이트는 이 환자들과 대화를 나누며 한 가지 공통점을 발견했다. 그들은 모두 자신의 욕망과 감정을 철저히 억누르며 살고 있었다. 화를 내거나 욕망을 드러내서는 안 되고, 본능을 따라서도 안 된다는 사회의 명령을 충실히 따른 사람들이었다. 그리고 그 대가로 병을 얻었다. 프로이트는 깨달았다. "문명은 본능 억압의 대가로 건설되었다." 우리가 당연하게 누리는 도시의 질서, 법과 제도, 예술과 문화, 이 모든 것은 사실 인간의 원초적 본능을 억제하고 통제한 결과물이었다. 그리고 그 억압은 무료가 아니었다. 사람들의 정신 건강이 바로 그 대가였다.

우리는 생물학적으로는 욕망과 충동을 따르도록 설계되었지만 사회적으로는 그것을 억제하고 조절하도록 요구받는다. 이 긴장은 개인의 내면에서 끊임없는 불편함과 갈등을 만들어낸다. 문명이 발달할고 사회가 복잡해질수록 우리가 억눌러야 하는 본능의 무게는 더욱 무거워진다. 이것이 현대인이 겪는 수많은 심리적 고통의 근원이다. 우리 내면에는 길들여지지 않은 야생의 힘이 살아 숨 쉬고 있다. 성적 욕망, 공격적 충동, 즉각적인 만족을 원하는 원초적 에너지가 우리 안에 끓어오른다. 이것은 수백만 년 진화의 산물이며, 생존과 번식을 위해 인간에게 주어진 생물학적 본능이다. 프로이트는 이를 '이드Id'라 불렀다. '나는 원한다'고 외치는 정신의 가장 깊은 층이다. 하지만 우리는 아침에 일어나서 옷을 입고, 정해진 시간에 출근하고, 상사에게 공손하게 인사하고, 불편한 동료에게도 미소를 지어야 한다. 우리는 신호등을 기다리고, 줄을 서고, 세금을 내고, 법을 지킨다. 이 모든 행동은 본능을 억제하고 사회적 규범에 순응하는 것이다. 우리는 하고 싶은 대로 하지 못하고, 말하고 싶은 대로 말하지 못하며, 느끼고 싶은 대로 느끼지 못한다. 이것이 문명사회를 살아가는 현대인의 운명이다.

문명사회가 요구하는 억압은 단순히 외적인 행동 통제에 그치지 않는다. 더욱 교묘하고 깊숙하게, 사회는 우리 내면까지 침투하여 우리가 무엇을 욕망해야 하고 무엇을 욕망해서는 안 되는지를 규정한다. 프로이트는 이를 '초자아Superego'라 불렀다. 부모와 사회의 도덕적 명령이 내면화되어 우리 안의 엄격한 판사가 된 것이다. 우리는 어릴 때부터 '착한 아이'가 되기 위해 화를 억누르고, '정상적인 사람'이 되기 위해 특정한 욕망을 감추고, '도덕적인 사람'이 되기 위해 본능적 충동을 부끄러워하도록 교육받았다. 부모는 우리에게 참을성을 가르쳤고, 학교는 규칙 준수를 강조했으며, 사회는 끊임없이 자기 통제를 요구했다. 우리는 이제 자신의 욕망을 표현하는 것조차 두려워하고, 본능적 충동을 느끼는 것 자체를 죄악시한다. 억압은 이제 외부의 강제가 아니라 우리 내면의 자발적 검열이 되었다. 이것이 문명이 개인에게 작용하는 가장 강력한 통제 메커니즘이다.

우리가 일상에서 느끼는 막연한 불안, 원인 모를 우울, 설명할 수 없는 공허함은 바로 이 억압에서 비롯된다. 본능적 에너지가 억압되면 사라지는 것이 아니라 무의식에 축적되어 다양한 형태의 심리적 증상으로 변형된다. 우리가 이유 없이 짜증이 나고, 사소한 일에 과도하게 반응하고, 밤마다 불면에 시달리는 이유는 억눌린 본능이 우리 정신을 압박하기 때문이다. 표현되지 못한 분노는 우울증으로, 충족되지 못한 욕망은 강박증으로, 인정받지 못한 충동은 불안 장애로 나타난다. 현대 사회는 이러한 증상을 치료하기 위해 수많은 약물을 처방하지만 그것은 근본 원인이 아니라 표면적 증상만을 가리는 임시방편일 뿐이다. 진짜 문제는 우리가 자신의 본능을 너무 오랫동안, 너무 깊이 억압해 왔다는 사실이다.

하지만 이것이 문명을 거부하고 본능대로 살아야 한다는 의미는 아니다. 프로이트는 결코 원시적 삶으로의 회귀를 주장하지 않았다. 오히려 그는 인간이 본능과 문명, 충동과 이성 사이에서 건강한 균형을 찾아야 한다고 강조했다. 문명이 없다면 인간에게 남는 것은 혼돈과 폭력뿐이다. 법이 없다면 사회는 무너지고, 도덕이 없다면 공동체는 유지될 수 없으며, 자기 통제가 없다면 개인은 파멸한다. 문명은 분명히 우리를 억압하지만 동시에 안전과 질서, 협력과 발전을 가능하게 만든다. 우리가 밤에 안심하고 잠들 수 있는 것도, 거리를 두려움 없이 걸을 수 있는 것도, 타인과 신뢰 관계를 맺을 수 있는 것도 모두 문명이 본능을 통제하기 때문이다.

핵심은 억압의 정도와 방식이다. 과도한 억압은 병을 만들지만 적절한 억압은 성숙을 만든다. 프로이트가 제시한 '승화'라는 개념이 바로 여기서 등장한다. 승화란 본능적 에너지를 사회적으로 용인되고 가치 있는 활동으로 전환하는 과정이다. 우리의 공격적 충동은 경쟁 스포츠나 열정적인 토론으로, 성적 에너지는 예술적 창조나 지적 탐구로 전환될 수 있다. 음악가가 악기를 연주할 때, 작가가 소설을 쓸 때, 운동선수가 경기에 몰입할 때, 그들은 본능적 에너지를 창조적이고 건설적인 방향으로 분출하고 있다. 이것이 건강한 억압이자 성공적인 승화다. 억압이 병을 만든다면 승화는 문화를 창조한다. 같은 본능적 에너지가 어떻게 다뤄지느냐에 따라 신경증이 되기도 하고 예술이 되기도 한다. 우리는 본능을 부정하는 것이 아니라 변형하고, 억제하는 것이 아니라 재배치하고, 제거하는 것이 아니라 승화시켜야 한다. 이것이 문명사회를 살아가는 성숙한 인간의 지혜다.

현대 사회는 역설적으로 억압과 방종을 동시에 조장한다. 한편으로는 여전히 강력한 도덕적 규범과 사회적 기대가 존재하여 우리를 압박한다. 우리는 성공해야 하고, 생산적이어야 하며, 책임감 있어야 하고, 통제력을 유지해야 한다. 다른 한편으로는 소비 자본주의가 끊임없이 욕망을 자극하고 즉각적인 만족을 부추긴다. 광고는 우리에게 더 많이 사라고, 더 많이 먹으라고, 더 많이 즐기라고 속삭인다. 이 모순적인 메시지는 우리를 더욱 혼란스럽게 만든다. 우리는 절제해야 하는 동시에 방종해야 하고, 참아야 하는 동시에 분출해야 하며, 억제해야 하는 동시에 표현해야 한다. 이 이중 구속 속에서 우리는 어느 쪽도 제대로 하지 못하고 끊임없이 죄책감과 불만족을 느낀다. 우리는 욕망을 억누르면서 동시에 그것을 충족시키지 못한 자신을 질책한다.

특히 성적 본능에 대한 현대 사회의 태도는 극도로 양면적이다. 성은 여전히 금기시되고 억압되지만 동시에 모든 곳에서 성적 이미지와 암시가 범람한다. 우리는 성적 욕망을 공개적으로 표현해서는 안 되지만 끊임없이 성적으로 자극받고 있다. 이 모순은 특히 젊은 세대에게 심각한 혼란과 불안을 야기한다. 프로이트가 살았던 빅토리아 시대는 성을 극도로 억압했지만, 적어도 그 규범은 명확했다. 현대 사회는 더 위선적이다. 표면적으로는 성적 해방을 말하지만 실제로는 수많은 암묵적 금기와 규제가 존재한다. 우리는 어디까지가 허용되고 어디부터가 금지되는지 알 수 없다. 이 불명확함 자체가 불안의 원천이다.

공격적 본능에 대한 억압도 마찬가지다. 우리는 화를 내서는 안 되고, 분노를 표현해서는 안 되며, 갈등을 드러내서는 안 된다고 배웠다. 특히 직장에서 우리는 항상 '프로페셔널'해야 하고, 감정을 통제해야 하며, 침착해야 한다. 하지만 우리 내면에서는 불의에 대한 분노, 무례함에 대한 적개심, 경쟁자에 대한 공격성이 끓어오른다. 우리는 이 감정들을 억누르고 미소를 지으며 '괜찮다'고 말한다. 억압된 공격성은 사라지지 않고 내면에 축적되어, 어느 날 사소한 계기로 폭발하거나 자기 자신을 향한 자기 파괴적 행동으로 나타나거나, 혹은 만성적인 우울과 무기력으로 변형된다. 프로이트는 현대인의 우울증 증가는 바로 이 억압된 공격성의 내면화와 깊은 관련이 있다고 설명했다. 밖으로 내보내지 못한 분노는 안으로 향하여 자신을 공격한다.

그렇다면 우리는 어떻게 해야 할까? 첫째, 자신의 본능적 충동을 인정하고 받아들이는 것이 필요하다. 성적 욕망을 느끼는 것은 자연스럽고 정상적이다. 화가 나는 것도, 질투하는 것도, 공격적인 생각을 하는 것도 인간의 본성이다. 이러한 감정과 충동을 느낀다고 해서 우리가 나쁜 사람이 되는 것은 아니다. 오히려 그것을 부정하고 억압하려고 애쓰는 것이 우리를 병들게 만든다. 우리는 먼저 '나는 이런 감정을 느끼고 있구나'라고 솔직하게 인정할 용기가 필요하다. 이것이 자기 인식의 첫걸음이다. 중요한 것은 충동을 느끼는 것과 그것을 행동으로 옮기는 것은 전혀 다른 문제라는 점이다. 우리는 분노를 느낄 수 있지만 폭력을 행사해서는 안 되고, 욕망을 느낄 수 있지만 타인의 경계를 침범해서는 안 된다.

둘째, 본능적 에너지를 건강하게 표현하고 해소할 통로를 찾아보자. 운동은 공격적 에너지를 신체적으로 분출하는 훌륭한 방법이다. 우리가 격렬하게 달리거나 상대와 겨루는 스포츠를 할 때, 억눌렸던 에너지가 건강하게 방출된다. 예술적 활동도 마찬가지다. 글을 쓰고, 그림을 그리고, 음악을 만들고, 춤을 추는 것은 모두 내면의 충동을 창조적으로 승화시키는 과정이다. 우리는 자신만의 표현 통로를 찾아보면 어떨까. 그것이 무엇이든 우리 내면에 축적된 에너지를 안전하고 건설적인 방식으로 배출할 수 있는 활동이라면 충분하다. 현대인에게 취미 생활이 중요한 이유가 바로 여기에 있다. 그것은 그저 시간을 흘려보내는 일이 아니라 정신 건강을 위한 필수 활동이다.

셋째, 감정을 언어로 표현하는 능력을 길러보자. 프로이트는 정신분석 치료에서 '말하기'의 힘을 강조했다. 말로 표현할 수 있으면 행동으로 옮기지 않아도 된다는 것이다. 우리가 분노를 말로 적절하게 표현할 수 있다면 그것이 폭력으로 분출될 필요가 없다. 우리가 욕구와 갈등을 솔직하게 대화할 수 있다면 그것이 증상으로 변형될 이유가 없다. 하지만 많은 현대인들은 자신의 감정을 언어화하는 능력이 부족하다. 그들은 '화나다', '슬프다', '불안하다' 같은 단순한 단어 너머로 나아가지 못한다. 우리는 더 정교하고 세밀한 감정 어휘를 개발해보자. 우리 분노는 정확히 어떤 종류의 분노인가? 그것은 무시당한 느낌 때문인가, 부당한 대우 때문인가, 무력감 때문인가? 구체적으로 파악하고 표현할수록 우리는 그 감정을 더 잘 이해하고 다룰 수 있다.

넷째, 억압과 표현 사이의 균형점을 찾는 지혜가 필요하다. 모든 충동을 그대로 표출하는 것은 미성숙한 아이의 행동이다. 하지만 모든 감정을 완벽하게 통제하려는 것도 건강하지 않다. 우리는 상황과 맥락에 따라 적절한 표현 수위를 조절할 수 있어야 한다. 회사에서는 전문적이고 절제된 태도를 유지하되, 친구들과 함께할 때는 더 솔직하고 자유롭게 감정을 나눌 수 있어야 한다. 중요한 것은 우리가 자신의 감정을 통제하고 있다는 느낌, 즉 주체성을 유지하는 것이다. 억압이 외부의 강제에 의한 것이 아니라 우리 자신의 선택이어야 한다. 프로이트는 이를 '자아Ego'의 기능이라 불렀다. 자아는 이드의 욕구, 초자아의 명령, 현실의 요구 사이에서 조정자 역할을 한다. "나는 지금 화가 나지만, 이 상황에서 분노를 표현하는 것이 도움이 되지 않으므로 참기로 선택한다"라고 생각할 수 있어야 한다. 이것이 수동적 억압과 능동적 조절의 차이다.

다섯째, 사회의 비합리적 금기와 과도한 요구에 맞서는 용기가 필요할 때도 있다. 모든 사회적 규범이 정당한 것은 아니다. 어떤 규범은 시대착오적이고, 어떤 금기는 억압적이며, 어떤 기대는 비현실적이다. 우리는 맹목적으로 모든 것을 수용할 필요가 없다. 비판적으로 사고하고, 불합리한 규범에 의문을 제기하며, 필요하다면 그것에 도전해볼 수도 있다. 물론 이것은 쉬운 일이 아니다. 사회적 압력은 강력하고, 순응하지 않는 것은 대가를 치러야 한다. 하지만 우리 정신 건강과 진정성을 지키기 위해서는 때로 불편함을 감수해야 한다. 프로이트 자신이 당대의 억압적인 성도덕에 맞서 엄청난 비난과 저항을 받았지만 그는 자신의 통찰을 포기하지 않았다. 우리도 자신이 옳다고 믿는 가치를 위해 설 용기가 필요하다.

지금 이 순간, 자신의 내면을 들여다보자. 우리는 무엇을 억압하고 있는가? 어떤 감정을 부인하고 있는가? 어떤 욕망을 숨기고 있는가? 우리가 '절대 해서는 안 된다'고 믿는 것은 무엇인가? 그리고 그 금기는 정말로 합리적이고 필요한 것인가, 아니면 단지 우리가 어릴 때부터 주입받은 두려움인가? 이러한 질문에 정직하게 답하는 것은 고통스러울 수 있다. 우리는 자신이 '좋은 사람'이라는 자아상을 유지하고 싶어 하기 때문이다. 진정으로 '좋은 사람'이 되는 것은 자신의 어두운 면을 부정하는 것이 아니라 그것을 인정하고 통합하는 것이다. 우리가 공격적 충동을 느낀다는 사실을 받아들일 때 비로소 우리는 그것을 건설적으로 다룰 수 있다. 우리가 금지된 욕망을 인정할 때 비로소 우리는 그것에 지배당하지 않을 수 있다.

문명과 본능 사이의 갈등은 결코 완전히 해소되지 않는다. 이것은 인간 존재의 근본적 조건이다. 우리는 평생 이 긴장 속에서 살아갈 것이다. 하지만 이 사실을 받아들이는 것 자체가 자유를 가져온다. 우리는 더 이상 완벽한 평화와 갈등 없는 조화를 추구하지 않아도 된다. 그것은 환상이며, 달성 불가능한 이상이다. 대신 우리는 긴장을 견디고, 갈등을 관리하며, 균형을 유지하는 법을 배울 수 있다. 이것이 성숙한 인간의 모습이다. 인생은 근본적으로 갈등과 긴장을 포함하며, 그것을 완전히 제거할 수는 없다. 하지만 병적인 고통을 견딜 만한 불편함으로 바꿀 수는 있다. 이것이 현실적이고 달성 가능한 목표다.

우리는 문명이 요구하는 억압을 무조건 거부할 수도, 맹목적으로 수용할 수도 없다. 우리는 그 사이의 좁은 길을 걸어가야 한다. 이 길은 쉽지 않고, 명확하지도 않으며, 끊임없는 선택과 조정을 요구한다. 하지만 이것이 진정으로 자유롭고 성숙한 인간으로 사는 유일한 방법이다. 우리는 자신의 본능을 인정하면서도 그것에 휘둘리지 않고, 사회의 규범을 존중하면서도 그것에 맹종하지 않아야 한다. 현실의 제약을 받아들이면서도 자신의 욕구를 포기하지 않는 지혜를 개발해보자. 이것이 프로이트가 우리에게 전하는 메시지다. 문명은 본능 억압의 대가로 건설되었지만 우리는 그 억압의 노예가 될 필요는 없다. 우리는 의식적으로 선택하고, 능동적으로 조절하며, 창조적으로 승화시킬 수 있는 주체다. 이것이 우리의 힘이고, 우리의 자유다.

"문명은 본능의 포기 위에 세워졌다.

하지만 우리는

그 억압의 노예가 될 필요는 없다."

내 안의 낯선 나를 만나는 법

"자아는 자기 집의 주인이 아니다."

— 프로이트, 《정신분석의 어려움》

왜 특정 사람만 보면 이유 없이 불편할까? 왜 매번 같은 유형의 사람에게 끌릴까? 왜 중요한 순간마다 같은 실수를 반복할까? 아침에 일어나 '오늘은 절대 화내지 말아야지' 다짐했는데 저녁이 되면 또다시 누군가에게 짜증을 냈던 경험은 없는가? '이번엔 다를 거야'라고 생각했지만 결국 똑같은 패턴에 빠져버린 적은? 우리는 이런 순간들을 그저 '원래 내 성격이 그래', '운이 나빴어', '그 사람이 문제야'라고 넘긴다.

프로이트는 환자들을 치료하며 이상한 점을 발견했다. 사람들은 자신이 왜 그런 행동을 하는지, 왜 그런 증상을 보이는지 전혀 알지 못했다. 팔이 마비되고, 목소리가 나오지 않고, 이유 없이 경련을 일으켰지만 그들의 의식은 그 이유를 설명할 수 없었다. 프로이트는 깨달았다. 우리 안에는 우리가 모르는 또 다른 정신세계가 존재한다는 것을. 우리가 의식적으로 알고 있는 '나'는 빙산의 일각에 불과하며, 진짜 우리를 움직이는 거대한 힘은 수면 아래 숨어 있다는 것을. 프로이트는 이렇게 비유했다. "자아는 자신의 집에서 주인이 아니다. 우리는 우리 자신의 정신 안에서도 이방인이다."

우리는 자신의 생각과 감정, 선택과 행동을 완벽하게 통제하고 있다고 믿는다. 매일 아침 무엇을 입을지 결정하고, 점심에 무엇을 먹을지 선택하며, 어떤 일을 할지 계획하는 자신의 모습을 보면서 우리는 자신이 삶의 주인이라고 확신한다. 하지만 프로이트는 이것이 얼마나 순진한 환상인지 지적했다. 우리가 의식적으로 알고 있는 자신은 실제 우리의 극히 일부에 불과하다. 우리의 정신세계는 거대한 빙산과 같아서 의식은 수면 위로 드러난 작은 부분일 뿐이고, 진짜 우리를 지배하는 거대한 무의식은 깊은 수면 아래 숨어 있다.

우리는 지금까지 자신을 얼마나 안다고 생각해 왔는가? 아마도 자신의 성격과 취향, 가치관과 신념을 명확하게 알고 있다고 믿을 것이다. 그러나 우리가 아는 그 모든 것조차 무의식이 허용하는 범위 내에서만 알고 있는 것이다. 우리의 선택은 우리가 생각하는 것만큼 자유롭지 않다. 왜 특정 유형의 사람에게 끌리는지, 왜 어떤 상황에서 반복적으로 같은 실수를 하는지, 왜 설명할 수 없는 불안이 엄습하는지, 우리는 정확한 이유를 모른다. 의식적인 자아는 무의식이라는 거대한 힘에 의해 끊임없이 밀려나고 조종당한다. 우리가 합리적 판단이라고 믿는 많은 것들이 실제로는 무의식의 욕구와 갈등, 억압된 기억과 감정의 결과물이다.

이 사실을 인정하는 것은 불편하고 두렵다. 자신이 자신의 주인이 아니라는 말은 자존심에 상처를 입히고, 통제감을 잃게 만들며, 정체성을 흔든다. 그래서 대부분의 사람들은 이 진실을 부정하고 회피한다. 하지만 이 불편한 진실을 정면으로 마주하는 것이야말로 진정한 자유와 성장으로 가는 유일한 길이다. 무의식의 존재를 인정하지 않으면 우리는 평생 자신이 이해할 수 없는 힘에 끌려다니며 살게 된다. 반복되는 실패의 패턴을 끊을 수 없고, 원인 모를 고통에서 벗어날 수 없으며, 진정으로 원하는 삶을 살 수 없다. 무의식을 부정하는 것은 자신의 절반 이상을 부정하는 것과 같다. 내가 모르는 내가 나를 지배하는 한, 나는 결코 자유로울 수 없다는 사실을 깨달아야 한다.

현대를 사는 우리는 이성과 합리성을 최고의 가치로 여긴다. 우리는 데이터를 분석하고, 논리적으로 사고하며, 과학적 방법으로 문제를 해결한다. 모든 것을 계획하고 통제할 수 있다고 믿으며, 자기계발서를 읽고 목표를 세우며 더 나은 자신이 되려고 노력한다. 그러나 이 모든 노력이 무의식을 간과하는 순간 헛된 것이 된다. 우리가 아무리 완벽한 계획을 세워도 무의식의 저항을 만나면 무너진다. 우리가 아무리 의지를 다져도 무의식의 욕구가 그것을 방해하면 실패한다. 다이어트를 결심하고도 밤마다 폭식하는 사람, 금연을 다짐하고도 담배를 피우는 사람, 좋은 인간관계를 바라면서도 늘 상처받는 사람, 이들은 의지가 약한 것이 아니다. 그들의 무의식이 의식과 다른 목적을 추구하고 있을 뿐이다.

무의식은 우리가 인정하고 싶지 않은 욕망으로 가득 차 있다. 사회적으로 용납될 수 없는 충동, 도덕적으로 부끄러운 환상, 이성적으로 설명할 수 없는 증오와 질투, 이 모든 것들이 무의식 속에 억압되어 있다. 우리는 의식의 수준에서는 자신을 선하고 합리적인 사람이라고 생각하지만, 무의식의 영역에서는 원시적이고 본능적인 욕구가 끓어오른다. 이것을 인정하는 것이 중요하다. 우리 안에도 어둠이 있다. 우리 안에도 파괴적 충동이 있다. 우리 안에도 이기적 욕망이 들끓고 있다. 이것은 부끄러운 일이 아니라 인간이라는 증거다. 문제는 이것을 부정하고 억압하는 것이다. 억압된 것은 사라지지 않고 변형되어 증상으로 나타난다. 설명할 수 없는 불안, 만성적인 우울, 강박적 행동, 원인 모를 신체 증상, 이 모든 것이 억압된 무의식의 외침이다.

우리의 무의식은 어린 시절부터 축적된 경험과 기억의 저장고다. 생후 몇 년간 우리가 겪은 모든 것, 부모와의 관계에서 느낀 사랑과 거부, 만족과 좌절, 안전과 위협, 이 모든 것이 무의식에 각인되어 있다. 우리는 그것을 기억하지 못할 수도 있지만 그것은 지금도 우리의 행동과 감정을 결정한다. 권위적인 상사를 만나면 이유 없이 분노가 치밀어 오르는 것은 엄격했던 아버지와 해결되지 않은 갈등 때문일 수 있다. 친밀한 관계에서 버림받을까 봐 불안한 것은 어린 시절 경험한 불안정한 애착 때문일 수 있다. 성공이 코앞에 다가올 때 스스로 망치는 것은 무의식 속 깊은 곳에 자리 잡은 '나는 잘되면 안 된다'라는 죄책감 때문일 수 있다. 과거에 어떤 일이 있었는지 제대로 알지 못하면 우리는 결국 그때의 실수를 다시 되풀이하게 된다.

그렇다면 우리는 어떻게 해야 할까? 프로이트의 답은 명확했다. 무의식을 의식화하는 것이다. 내가 모르는 나를 알아가는 것이다. 이것은 결코 쉬운 여정이 아니며 고통스럽고 두려운 과정이다. 왜냐하면 무의식을 들여다본다는 것은 자신의 가장 추악하고 부끄러운 면을 직면하는 것이기 때문이다. 우리는 자신이 생각했던 것보다 훨씬 복잡하고 모순적인 존재임을 발견하게 된다. 우리가 사랑한다고 믿었던 사람을 미워하는 마음도 있고, 우리가 추구한다고 믿었던 가치와 반대되는 욕망도 있다. 그러나 이 불편한 진실을 마주하는 용기야말로 진정한 변화의 시작이다. 무의식을 의식의 영역으로 끌어올리는 순간, 우리는 선택의 자유를 얻는다. 이제 우리는 무의식의 노예가 아니라 무의식을 이해하고 조절할 수 있는 주체가 된다.

무의식을 탐색하는 방법은 여러 가지다. 가장 강력한 방법은 꿈의 분석이다. 꿈은 무의식이 검열을 피해 자신을 드러내는 창문이다. 매일 아침 꿈을 기록하고 그 안의 상징과 이미지를 해석해보자. 또 다른 방법은 자신의 감정 반응을 주의 깊게 관찰하는 것이다. 왜 특정 상황에서 과도하게 반응하는지, 왜 어떤 사람에게 강렬한 감정을 느끼는지 스스로에게 물어보자. 우리의 실수와 착오에도 주목해보자. 말실수, 건망증, 잘못 보낸 메시지, 이 모든 것에는 무의식의 메시지가 담겨 있다. 프로이트는 이런 실수들이 우연이 아니라 무의식의 표현이라고 분석했다. 그리고 무엇보다 중요한 것은 자신의 반복되는 패턴을 발견하는 것이다. 우리가 계속해서 빠지는 관계의 유형, 반복되는 실패의 구조, 벗어날 수 없는 습관, 이 것들은 모두 무의식이 보내는 신호다.

무의식을 인정한다는 것은 자신을 완전히 안다는 오만함을 버리는 것이다. 우리는 자신에 대해 아는 것보다 모르는 것이 훨씬 더 많다. 이 사실을 받아들이는 순간, 우리는 비로소 겸손해진다. 타인을 판단하는 것이 조심스러워지고, 자신의 확신을 의심하게 되며, 내면을 더 깊이 탐색하고 싶은 호기심이 생긴다. 이 겸손함이야말로 진정한 지혜의 시작이다. 소크라테스는 "너 자신을 알라"고 했지만, 프로이트는 한 걸음 더 나아가 우리가 생각하는 것만큼 자신을 알지 못한다는 사실을 밝혀냈다. 이 깨달음은 처음에는 좌절스럽지만, 곧 해방감을 가져온다. 우리는 완벽하지 않아도 된다. 우리가 모든 것을 통제할 수 없어도 괜찮다. 우리는 탐색해야 할 미지의 영역을 가진 신비롭고 복잡한 존재다.

현대인이 겪는 많은 문제는 무의식을 무시하는 데서 비롯된다. 우리는 표면적인 증상만 고치려 한다. 불안하면 약을 먹고, 우울하면 긍정적으로 생각하려 하며, 관계가 힘들면 상대를 바꾸려 한다. 그러나 이것은 근본적인 해결책이 아니다. 증상은 무의식의 메시지다. 그것을 억누르거나 회피하는 것이 아니라 그것이 무엇을 말하려는지 귀 기울여야 한다. 우리의 불안은 무엇을 두려워하고 있는가? 우리의 우울은 어떤 상실을 애도하고 있는가? 우리의 분노는 어떤 욕구가 좌절되었는가? 이 질문들에 답하기 위해서는 무의식으로 내려가야 한다. 표면에서 아무리 해답을 찾으려 해도 찾을 수 없다. 진짜 답은 깊은 곳에 있다.

무의식을 탐색하는 과정에서 우리는 자신에 대해 충격적인 사실을 발견할 수도 있다. 우리가 존경한다고 믿었던 사람을 질투하고 있었다는 것, 우리가 성공을 원한다고 믿었지만 실제로는 실패를 원했다는 것, 우리가 사랑한다고 믿었던 관계가 실은 의존이었다는 것과 같은 발견들은 우리를 고통스럽게 만든다. 그러나 이 고통을 감내할 필요가 있다. 진실은 처음에는 아프지만 결국 우리를 자유롭게 만든다. 거짓된 자기 이미지를 유지하는 것은 편안하지만 그것은 감옥이다. 진짜 자신을 아는 것은 불편하지만 그것이 곧 해방이다. 우리가 자신의 어둠을 인정할 때, 비로소 그 어둠은 우리를 지배하는 힘을 잃는다. 우리가 자신의 욕망을 의식할 때, 비로소 그 욕망을 건설적으로 다룰 수 있다.

프로이트의 발견은 인류에게 세 번째 충격이었다. 코페르니쿠스가 지구가 우주의 중심이 아니라고 밝혔을 때 인류의 자존심은 첫 번째 상처를 입었다. 다윈이 인간이 동물로부터 진화했다고 밝혔을 때 두 번째 상처를 입었다. 그리고 정신분석학이 자아가 자신의 주인이 아니라고 밝혔을 때 세 번째이자 가장 뼈아픈 상처를 입었다. 그러나 이 상처는 필요한 것이었다. 오만함은 성장을 막고, 착각은 고통을 만든다. 프로이트의 무의식 이론은 인간을 낮추기 위한 것이 아니라 진정으로 높이기 위한 것이었다. 자신의 한계를 인정할 때 비로소 그 한계를 넘어설 수 있다. 무의식의 존재를 받아들일 때 비로소 무의식을 의식화할 수 있다. 우리가 주인이 아니라는 사실을 인정할 때야말로 진정한 주인이 될 수 있다.

지금 이 순간 자신에게 물어보자. 나는 정말 내가 아는 만큼의 나일까? 내가 내린 오늘의 선택들은 정말 나의 자유 의지였을까? 내가 느끼는 이 감정의 진짜 근원은 무엇일까? 솔직하게 답해보자. 모른다면 모른다고 인정해보자. 그 인정이 탐색의 시작이다. 우리의 무의식은 지금 이 순간에도 조용히 작동하고 있다. 우리가 그것을 의식하든 의식하지 못하든 그것은 존재한다. 그렇다면 무시하는 것보다 이해하는 것이 낫지 않겠는가? 회피하는 것보다 직면하는 것이 더 현명하지 않겠는가?

무의식의 발견은 끝이 아니라 시작이다. 이제 우리는 자신이라는 미지의 대륙을 탐험할 준비가 되었다. 이 여정은 평생에 걸쳐 계속될 것이다. 우리는 결코 자신을 완전히 알 수 없을 것이다. 하지만 그것이 포기의 이유가 아니라 계속 탐색해야 할 이유다. 매일 조금씩 자신을 이해하고, 무의식을 의식으로 전환하며, 내면의 어둠에 빛을 비춰보자. 이것이 프로이트가 제시한 길이고, 진정한 자기 성장의 길이다. 자아가 자신의 집에서 주인이 아니라는 사실을 인정하는 것, 그것이 역설적이게도 진정한 주인이 되기 위한 첫걸음이다.

"자아가 자기 집의 주인이
아니라는 사실을 인정하는 것,
그것이 역설적이게도
진정한 주인이 되기 위한 첫걸음이다."

본능을 다스리는 자가 자신을 다스린다

"이드가 있던 곳에 자아가 있어야 한다."

— 프로이트, 《정신분석 입문 강의(1933)》

1923년, 프로이트는 인간의 마음을 설명하는 새로운 지도를 세상에 내놓았다. 그는 정신을 세 영역으로 나누었다. 가장 깊은 곳에는 본능적 충동이 끓어오르는 '이드'가 있고, 그 위에는 현실과 협상하며 충동을 조절하는 '자아'가 있으며, 가장 높은 곳에는 부모와 사회로부터 내면화된 도덕과 양심인 '초자아'가 자리한다. 프로이트는 이 구조를 설명하며 유명한 비유를 남겼다. "자아와 이드의 관계는 말 위에 탄 기수와 같다. 기수는 자신의 힘으로 말의 우월한 힘을 억제하고 이끌어야 한다. 그러나 종종 기수는 말이 가고 싶어 하는 곳으로 따라갈 수밖에 없다." 우리 안에는 길들여지지 않은 야생마가 있고, 우리는 그 위에 올라탄 기수라는 것이다. 문제는 대부분의 사람들이 자신이 말 위에 타고 있다는 사실조차 모른 채 말이 끄는 대로 끌려다닌다는 점이었다.

이드는 우리 정신의 가장 깊은 곳에 자리한 어둡고 혼돈스러운 영역이다. 프로이트는 이곳을 '끓어오르는 흥분의 가마솥'이라 묘사했다. 그곳에는 배고픔, 성욕, 공격성과 같은 원초적 본능이 끓어오르며, 즉각적인 만족만을 요구하는 맹목적인 욕구가 소용돌이친다. 이드는 선과 악을 구분하지 못하고, 논리와 모순을 알지 못하며, 시간의 개념조차 존재하지 않는 무의식의 영역이다. 이곳에서는 오직 쾌락 원칙만이 지배하며 '지금 당장 원하는 것을 얻어야 한다'라는 단 하나의 법칙만이 작동한다. 이드는 사회적 규범이나 도덕적 판단과는 무관하게, 순수 생물학적 욕구와 본능적 충동만을 따른다. 화가 났을 때 상대방을 때리고 싶은 충동, 배가 고플 때 모든 것을 집어삼키고 싶은 욕구, 마음에 드는 사람을 보았을 때 즉각적으로 소유하고 싶은 갈망이 바로 이드에서 비롯된다. 이것은 부끄러운 것이 아니라 모든 인간이 태어날 때부터 가지고 있는 자연스러운 정신 구조다.

문제는 우리가 이드의 요구에만 따라 산다면 단 하루도 사회에서 살아갈 수 없다는 것이다. 갓난아기를 생각해보면 된다. 아기는 온전히 이드의 지배를 받는 존재다. 배가 고프면 울고, 불편하면 소리 지르며, 자신이 원하는 것을 얻을 때까지 절대 멈추지 않는다. 아기에게는 참을성도, 배려도, 타협도 없다. 오직 "나는 지금 이것이 필요하다."라는 절대적인 요구만이 존재한다. 그러나 만약 성인이 된 후에도 여전히 이런 방식으로 산다면 어떻게 될까? 직장에서 상사가 마음에 들지 않는다고 주먹을 휘두르고, 가게에서 물건이 탐난다고 훔치며, 상대방이 자신의 요구를 충족시켜주지 않는다고 분노를 터뜨린다면 그 사람은 정상적인 삶을 영위할 수 없을 것이다. 이것이 바로 우리에게 이드를 넘어서는 다른 정신 구조, 즉 자아가 필요한 이유다.

자아는 이드와 외부 현실 사이에서 중재자 역할을 하는 정신의 집행 기관이다. 프로이트는 자아의 처지를 이렇게 묘사했다. "불쌍한 자아는 세 가지 가혹한 주인을 섬긴다. 외부 세계, 초자아, 그리고 이드다." 자아는 이드의 맹목적인 욕구를 완전히 무시하지도 않지만, 그렇다고 그것에 무조건 복종하지도 않는다. 대신 자아는 현실 원칙에 따라 작동하며 '어떻게 하면 이 욕구를 현실적이고 사회적으로 허용되는 방식으로 충족시킬 수 있을까?'라는 질문을 던진다. 자아는 이드가 '지금 당장!' 이라고 외칠 때 '잠깐만, 조금 기다려보자. 더 나은 방법이 있을 거야.' 라고 제어할 수 있는 능력이다. 이것은 충동을 억압하는 것이 아니라 그것을 인식하고 조절하며 적절한 시기와 방법을 찾아 표현하는 성숙한 능력이다. 화가 났을 때 곧바로 폭발하지 않고 잠시 심호흡을 하며 생각할 수 있다면, 그것은 자아가 작동하고 있다는 증거다. 맛있는 음식을 보고도 건강을 생각해 적당량만 먹을 수 있다면 그것은 자아가 이드의 충동을 현실적으로 조절하고 있다는 신호다. 자아의 발달은 곧 본능의 노예에서 벗어나 자신의 삶을 의식적으로 설계하고 선택할 수 있는 주체가 되었음을 의미한다.

"이드가 있던 곳에 자아가 있어야 한다." 라는 프로이트의 말은 정신적 성숙과 성장의 방향을 제시한 것이다. 이것은 이드를 완전히 제거하거나 억압하라는 뜻이 아니다. 이드는 우리 생명 에너지의 원천이며 모든 동기와 욕구가 시작되는 곳이다. 이드 없이는 열정도, 창조성도, 삶에 대한 의욕도 존재할 수 없다. 문제는 이드 그 자체가 아니라 이드에 대한 무지와 그것에 맹목적으로 지배당하는 것이다. 프로이트의 메시지는 이드의 존재를 인정하되 그것을 의식의 빛으로 비추어 이해하고 조절할 수 있는 자아를 발달시키라는 것이다. 이것이 바로 정신분석의 궁극적 목표다. 무의식에 잠겨 있던 것을 의식화하고, 맹목적 충동이 지배하던 영역을 의식적 선택이 가능한 영역으로 확장하는 것이다. 본능을 부정할 필요는 없다. 다만 그것을 알아차리고, 이해하며, 성숙하게 다룰 수 있는 능력을 기르면 된다.

현대를 살아가는 우리는 이드와 자아의 갈등을 매일 경험한다. 아침에 침대에서 일어나야 할 때, 이드는 "조금만 더 자자"라고 속삭이지만 자아는 "약속 시간에 늦으면 안 된다"라고 말한다. 직장에서 불합리한 지시를 받았을 때, 이드는 "당장 사표를 던져버려"라고 외치지만 자아는 "생계를 생각해야 한다"라며 현실을 직시한다. 관계에서 상대방에게 화가 났을 때, 이드는 "모욕적인 말을 퍼부어 복수해"라고 부추기지만 자아는 "관계를 파괴하지 말고 대화로 해결하자"라고 중재한다. 다이어트를 하겠다고 결심했을 때, 이드는 "한 조각쯤은 괜찮아"라고 유혹하지만 자아는 "목표를 생각하자"라며 자제력을 발휘한다. 이처럼 우리의 일상은 끊임없는 내적 갈등의 연속이다. 그리고 성숙한 어른으로 산다는 것은 이 갈등에서 항상 자아가 승리한다는 뜻이 아니라 이드와 자아 사이에서 현명한 균형점을 찾아간다는 의미다.

많은 현대인이 겪는 심리적 문제는 이드와 자아의 불균형에서 비롯된다. 어떤 사람들은 이드를 지나치게 억압한 나머지 모든 본능적 욕구를 죄악시하고 자신을 가혹하게 통제한다. 이들은 조금의 쾌락도 허용하지 않고, 모든 즐거움에 죄책감을 느끼며, 자신의 욕구를 표현하는 것을 두려워한다. 결과적으로 이들은 겉으로는 완벽해 보이지만 내면은 억압된 욕구로 가득 차 있다. 그리고 언젠가 폭발하거나 우울증, 불안 장애와 같은 증상으로 고통받게 된다. 반대로 어떤 사람들은 자아의 발달이 미약하여 여전히 이드의 지배를 받으며 살아간다. 이들은 충동적이고, 인내심이 없으며, 즉각적인 만족만을 추구하다가 장기적으로는 파괴적인 결과를 맞이한다. 중독, 폭력, 무책임한 행동이 반복되며 관계는 깨지고 사회적으로 고립된다. 건강한 정신은 이 두 극단 사이에 존재한다. 본능적 욕구를 인정하고 존중하되 그것을 현실과 조화시킬 수 있는 자아의 힘을 키우는 것이 중요하다.

자아를 발달시키는 것은 단순히 의지력을 강화하는 것과는 다르다. 진정한 자아의 성장은 자기 인식에서 시작된다. 프로이트가 "자아는 자기 집의 주인이 아니다."라고 말한 이유가 여기에 있다. 우리는 자신을 완전히 통제한다고 믿지만 실제로는 무의식의 영향 아래 놓여 있다. 먼저 자신 안에 이드가 존재한다는 사실을 솔직하게 인정해야 한다. 우리 안에도 분노, 질투, 욕심, 게으름, 성적 욕망과 같은 원초적 충동이 끓고 있다. 이것을 부끄럽게 여기거나 부정할 필요가 없다. 이것은 살아있는 인간이라는 증거다. 문제는 이러한 충동의 존재가 아니라 그것에 대한 무지와 부정이다. '나는 절대 화내지 않는 사람이다'라고 자신을 속일 때, 억압된 분노는 다른 방식으로 누출되어 관계를 파괴하거나 신체 증상으로 나타난다. '나는 욕심이 없는 사람이다'라고 부정할 때, 무의식적 욕망은 합리화라는 가면을 쓰고 왜곡된 형태로 표출된다. 자아를 키우는 첫 단계는 바로 이렇게 자신의 이드를 직면하고 받아들이는 용기다. '그래, 나는 지금 화가 났다. 나는 이것을 원한다. 이것이 나의 진짜 욕구다'라고 인정할 때, 비로소 그것을 건강하게 다룰 수 있게 된다

자기 인식 다음에 필요한 것은 충동과 행동 사이에 공간을 만드는 능력이다. 이드는 욕구와 행동 사이에 어떤 간격도 허용하지 않는다. 이드는 '원한다, 그러므로 해야 한다'라는 즉각적 등식만을 따른다. 그러나 자아는 이 사이에 사유와 선택의 공간을 삽입한다. '나는 이것을 원한다. 그러나 이

것을 지금 당장 하면 어떤 결과가 생길까? 다른 방법은 없을까? 조금 기다리면 어떻게 될까?' 이러한 질문을 던질 수 있는 능력이 바로 자아의 힘이다. 화가 났을 때 즉각적으로 반응하지 않고 심호흡을 세 번 한다면, 그 짧은 순간이 바로 자아가 작동할 수 있는 귀중한 공간이다. 충동구매를 하고 싶을 때 "내일 다시 생각해보자"라고 결정한다면, 그 24시간의 유예가 이드를 조절하는 자아의 현명한 전략이다. 즉각적인 쾌락 대신 장기적인 목표를 위해 현재의 불편함을 견딜 수 있다면 그것은 자아가 충분히 성숙했다는 증거다. 명상, 글쓰기, 심리 상담과 같은 활동들은 모두 이러한 내적 공간을 확장하고 자아를 강화하는 도구들이다.

그러나 자아의 발달이 이드의 완전한 통제를 의미하지는 않는다. 지나치게 강한 자아는 또 다른 문제를 낳는다. 모든 것을 계획하고 통제하며 분석하려는 강박적 자아는 삶의 자발성과 창조성을 죽인다. 완벽하게 이성적이고 합리적인 것만을 추구하다 보면 기계처럼 되어버린다. 열정도, 직관도, 예술적 영감도 결국은 이드의 에너지에서 나온다. 위대한 예술가들은 이드의 원초적 힘을 창조적으로 표현할 줄 아는 사람들이다. 사랑에 빠지는 것, 음악에 몰입하는 것, 순간의 아름다움에 감동하는 것은 모두 이드의 생명력이 허용될 때 가능하다. 따라서 건강한 자아란 이드를 억압하는 것이 아니라 그것과 대화하고 협상하며 적절한 출구를 찾아주는 능력이다. 목표는 무감각한 통제자가 되는 것이 아니라 본능과 이성, 욕구와 현실, 쾌락과 책임 사이에서 유연하게 균형을 잡는 지혜로운 중재자가 되는 것이다.

이 과정은 평생에 걸쳐 지속된다. 프로이트가 제시한 "이드가 있던 곳에 자아가 있어야 한다"라는 명제는 일회성 성취가 아니라 끝없는 과제다. 한 영역에서 자아를 발달시켰다고 해서 모든 영역에서 완벽해지는 것이 아니다. 새로운 상황이나 스트레스, 새로운 관계는 언제나 새로운 과제를 던져준다. 이드의 원초적 힘 역시 완전히 길들여지지 않는다. 직장에서는 성숙하고 이성적으로 행동하면서도, 가족 관계에서는 어린아이처럼 퇴행하게 된다면 그것은 정상이다. 대부분의 시간에는 충동을 잘 조절하다가도 극심한 스트레스나 피로 상태에서는 이드의 지배를 받는다면, 그것 역시 인간적이다. 중요한 것은 완벽이 아니라 방향이다. 자신의 본능적 충동을 조금씩 더 의식하게 되고, 조금씩 더 성숙하게 대응할 수 있게 되며, 조금씩 더 의도적인 선택을 할 수 있게 된다면 올바른 방향으로 나아가고 있는 것이다.

지금 이 순간, 스스로에게 물어보자. 삶에서 이드가 지배하는 영역은 어디인가? 어떤 상황에서 충동적으로 반응하며 나중에 후회하는가? 어떤 욕구를 인정하지 못한 채 무의식적으로 행동으로 옮기고 있는가? 반대로 지나치게 통제하고 억압하여 삶의 생동감을 잃어버린 영역은 어디인가? 이러한 질문들은 불편할 수 있지만, 이것이 바로 자아를 발달시키는 시작점이다. 프로이트의 명언은 심리학 이론에 그치지 않고 구체적인 삶을 변화시킬 수 있는 실천적 지혜로 발전했다. 이드가 있던 곳에 자아가 있어야 한다는 것은 무의식이 지배하던 곳에 의식이 빛을 비춰야 하고, 맹목적 충동이 지배하던 곳에 의도적 선택이 가능해져야 하며, 본능의 노예였던 곳에 자유로운 주체가 서야 한다는 의미다. 이것이 바로 진정한 어른으로, 성숙한 인간으로 성장하는 길이다.

“자아와 이드의 관계는

말 위에 탄 기수와 같다.

기수는 자신의 힘으로 말의 우월한 힘을

억제하고 이끌어야 한다.”

내 안의 가장 잔인한 재판관

"가혹한 초자아와 그것에 복종하는 자아 사이의 긴장이 곧 죄책감이며, 이것은 처벌에 대한 욕구로 표현된다."

— 프로이트, 《문명 속의 불만》

누구나 한 번쯤 이런 경험이 있을 것이다. 중요한 발표를 마치고 집에 돌아왔는데 머릿속에서 목소리가 들린다. '왜 그 말을 했을까, 바보같이.' 분명 발표는 잘 끝났는데 작은 실수 하나가 밤새 머리를 떠나지 않는다. 친구와 대화를 나눈 뒤에도 '내가 너무 이기적으로 굴었나', '저 말이 상처가 됐으면 어쩌지'라는 생각이 꼬리에 꼬리를 문다. 이 목소리는 외부에서 오는 것이 아니다. 우리 안에 살고 있는 누군가가 끊임없이 우리를 감시하고, 평가하고, 처벌한다. 프로이트는 이 내면의 재판관을 '초자아'라 불렀다. 그는 이렇게 말했다. "초자아는 자아에게 가장 엄격한 도덕적 기준을 적용하며, 그 기준에 미달할 때 죄책감이라는 형태로 처벌한다." 흥미로운 점은 이 내면의 목소리가 우리 자신의 것이 아니라는 사실이다. 그것은 어린 시절 부모와 사회로부터 빌려온 것이고, 우리는 평생 그 빌린 목소리에 복종하며 살아간다. 문제는 이 초자아가 자신을 보호하기 위해서가 아니라 억압하고 처벌하기 위해 작동한다는 점이다. 실수할 때마다 채찍을 들고, 조금이라도 기준에 미달하면 가차 없이 벌을 내린다.

초자아의 형성 과정을 이해하려면 어린 시절로 돌아가야 한다. 아이는 태어날 때부터 부모의 사랑을 필사적으로 갈구하며, 그 사랑을 얻기 위해 부모가 원하는 모습으로 자신을 만들어간다. '착한 아이가 되어야 사랑받는다'는 메시지를 무수히 받으며, 아이는 부모의 기대와 요구를 내면에 새겨넣는다. 부모가 화를 낼 때, 실망할 때, 그 감정들은 아이의 마음속에 공포로 각인된다. 사랑의 철회라는 가장 무서운 위협 앞에서 아이는 부모의 목소리를 자신의 목소리로 만든다. '이렇게 하면 안 돼', '넌 왜 그렇게 못하니' 같은 말들이 내면화되어 초자아의 기초가 된다. 프로이트는 이 과정을 '부모 권위의 내면화'라고 불렀다. 초자아는 외부의 처벌에 대한 두려움이 내면의 처벌에 대한 두려움으로 바뀌는 과정에서 탄생한다. 성장하면서 학교, 종교, 사회가 추가적인 규범과 금지를 덧씌우고, 초자아는 점점 더 복잡하고 강력한 검열 기구로 자리 잡는다. 이 과정에서 우리는 자신도 모르게 스스로 감시하고 처벌하는 내면의 재판관을 키워온 것이다.

초자아의 가장 큰 문제는 그것이 현실적이지도 합리적이지도 않다는 점이다. 초자아는 완벽을 요구한다. 단 한 번의 실수도 용납하지 않고, 조금의 나약함도 허용하지 않는다. 99번 성공해도 초자아는 그것을 인정하지 않고 단 한 번의 실패만을 확대해서 비난한다. '역시 너는 안 돼', '넌 부족한 사람이야'라는 목소리가 끊임없이 귓가를 맴돌게 한다. 프로이트는 이 역설을 날카롭게 지적했다. "가장 성인(聖人)다운 사람이 자신을 가장 큰 죄인이라고 부른다. 그것은 겸손이 아니다. 덕이 높아질수록 초자아는 더 엄격해지고, 자아에 대한 감시는 더 강화되기 때문이다." 이 내면의 목소리는 실제로 저지른 잘못보다 훨씬 더 큰 죄책감을 만들어낸다. 심지어 아무 잘못도 하지 않았을 때조차 초자아는 '충분하지 않다', '더 해야 한다'는 판결을 내린다. 가장 무서운 적은 바깥이 아니라 안에 있다.

현대 사회는 초자아의 폭압을 더욱 강화하는 구조로 작

동한다. 성공해야 한다는 압박, 남들보다 뛰어나야 한다는 경쟁, 완벽한 외모와 능력을 갖춰야 한다는 기대가 사방에서 쏟아진다. 직장에서는 '더 빠르게, 더 많이'를 요구하고, 집에서는 '좋은 부모, 좋은 자녀'가 되라는 목소리가 들린다. 성과표와 평가 시스템이 우리를 끊임없이 점수 매기고, 그 점수에 미달할 때마다 초자아는 '역시 너는 부족해'라고 속삭인다. 완벽주의는 미덕으로 포장되지만 실제로는 초자아의 과잉 작동이 만든 병리적 증상이다. 완벽주의자는 자신에게 불가능한 기준을 부과하고, 그 기준에 도달하지 못할 때마다 자신을 처벌한다. 일을 미루는 것도, 시작조차 하지 못하는 것도 종종 완벽하게 하지 못할 바에야 아예 하지 않겠다는 초자아의 두려움에서 비롯된다. 실패가 두려운 것이 아니라 실패했을 때 초자아가 내릴 가혹한 심판이 두려운 것이다.

초자아의 잔혹함은 죄책감이라는 형태로 가장 명확하게 드러난다. 프로이트는 이렇게 설명했다. "양심의 요구와 자아의 실제 수행 사이의 긴장이 죄책감으로 경험된다." 우리가 느끼는 죄책감의 상당 부분은 실제 잘못에 비례하지 않는다. 우리는 종종 사소한 실수에도 며칠 동안 자책하고, 타인에게 거절당한 것을 자신의 잘못으로 돌리며, 좋은 일이 생겨도 '내가 이럴 자격이 있을까?' 의심한다. 어떤 사람들은 부모를 실망시켰다는 이유로 평생 죄책감에 시달리고, 어떤 이들은 자신의 욕구를 표현했다는 이유만으로 이기적이라고 자신을 비난한다. 이 죄책감은 합리적 판단의 결과가 아니라 초자아의 과잉 반응이다. 프로이트는 신경증 환자들이 공통적으로 과도한 죄책감에 시달린다는 것을 발견했다. 그들은 실제로 도덕적으로 나쁜 사람이 아니라 오히려 초자아가 너무 강력하고 가혹한 사람들이다. 역설적이게도 가장 양심적이고 선한 사람들이 가장 큰 죄책감에 시달린다.

자기 학대는 초자아의 잔혹함이 행동으로 나타난 형태다. 많은 사람들이 자신에게 휴식을 허락하지 않고 스스로 채찍질한다. 아플 때도 쉬면 안 된다고 생각하고, 즐거운 일을 할 때도 '이러고 있을 때가 아닌데'라는 생각에 괴로워한다. 자신의 성취를 축하하지 못하고, 칭찬 받으면 불편해하며, 사랑 받을 때도 '내가 이럴 자격이 있을까' 의심한다. 프로이트는 이런 현상을 '도덕적 마조히즘'이라 불렀다. 초자아가 자아를 처벌하는 것에서 무의식적 만족을 얻는 상태이다. 어떤 사람들은 의도적으로 자신을 해로운 상황에 노출하거나 실패가 예견된 선택을 반복하며 관계에서 자신을 학대하는 상대를 선택한다. 이 모든 것이 초자아의 처벌 욕구가 실현되는 방식이다. 초자아는 행복해지는 것을 허락하지 않는다. 기쁨을 느끼려고 할 때마다 '넌 아직 충분하지 않아'라고 속삭인다.

초자아의 목소리를 부모의 목소리와 구별하지 못하는 것도 큰 문제이다. 많은 사람이 이미 성인이 되었고 부모와 물리적으로 분리되어 있음에도 여전히 부모의 기대와 판단을 내면화한 초자아의 지배를 받는다. '부모님이 실망하실 거야', '아버지는 절대 인정 안 하실 거야' 같은 생각이 모든 선택을 제약한다. 실제 부모는 이미 자녀를 받아들이고 있을 수도 있지만 내면화된 부모의 이미지, 즉 초자아는 여전히 가혹한 재판관으로 남아 있다. 프로이트는 이렇게 말했다. "초자아는 실제 부모의 후계자이자 대리인이다." 하지만 이 내면의 부모는 현실의 부모보다 훨씬 더 엄격하고 비타협적이다. 왜냐하면 그것은 어린 시절 가장 두려웠던 순간의 부모 모습만을 극대화해서 간직하고 있기 때문이다. 실제 부모는 변하고 늙고 부드러워질 수 있지만 초자아 속의 부모는 영원히 그 무서운 모습 그대로 얼어붙어 있다.

초자아의 폭압에서 벗어나는 첫 단계는 그 목소리를 알아차리는 것이다. 머릿속에서 끊임없이 비난하고 질책하는 목소리가 있다면 그것이 초자아다. '넌 형편없어', '이것도 못해', '게으르기는' 같은 말들이 자동적으로 떠오른다면 그것은 진짜 판단이 아니라 내면화된 검열관의 목소리인 것이다. 이 목소리를 자신과 동일시하지 않는 것이 중요하다. 그것은 어린 시절 생존을 위해 만들어낸 방어 기제고, 이제는 더 이상 필요하지 않은 낡은 프로그램이다. 우리는 이제 어린아이가 아니다. 부모의 사랑을 잃을까 두려워 복종할 필요가 없다. 스스로 선택하고 판단할 수 있는 성인이다. 초자아의 목소리가 들릴 때마다 의식적으로 한 발짝 물러서서 '이것은 내 진짜 생각인가, 아니면 내면화된 타인의 목소리인가'를 질문해야 한다.

초자아를 완화하는 것은 도덕성을 포기하는 것이 아니다. 오히려 진정으로 도덕적인 삶을 살기 위한 필수 조건이다. 가혹한 초자아는 더 나은 사람으로 만들지 않는다. 그것은 위축되고 불안하고 무력한 사람으로 만들 뿐이다. 끊임없는 자책과 죄책감에 시달리는 사람은 타인을 돌볼 여력이 없다. 자신을 사랑하지 못하는 사람은 타인도 진정으로 사랑할 수 없다. 초자아의 채찍에 맞아가며 억지로 '좋은 행동'을 하는 것은 진정한 도덕성이 아니다. 그것은 처벌에 대한 두려움에 기반한 복종일 뿐이다. 진정한 도덕성은 자유로운 선택에서 나온다. 초자아의 폭압에서 벗어나 자신에게 자비로울 때, 비로소 타인에게도 진정으로 자비로울 수 있다. 자신의 불완전함을 받아들일 때, 비로소 타인의 불완전함도 받아들일 수 있다. 건강한 자아는 초자아의 명령에 맹목적으로 복종하지 않고 현실을 고려하며 균형 잡힌 판단을 내린다.

자신에게 자비로워지는 연습을 시작해보는 것은 어떨까. 실수했을 때 스스로를 처벌하는 대신, '나도 인간이고 실수할 수 있어', '이번에는 안 됐지만 다음에 다르게 해보자'라고 말해보는 것이다. 친구가 같은 실수를 했을 때 건넸을 말을 자신에게 들려주면 된다. 대부분의 사람은 타인에게는 관대하지만 자신에게는 가혹하다. 이 이중 잣대를 알아차리고 바꾸는 것이 중요하다. 완벽하지 않아도 괜찮다. 모든 것을 다 잘할 수 없다. 우리의 가치는 성취와 성공으로 결정되지 않는다. 존재 자체로 이미 충분히 가치 있다. 쉬어도 되고, 즐거운 일을 해도 된다. 실패하거나 나약해도 된다. 이런 허락을 자신에게 주는 것이 초자아의 폭압에서 벗어나는 실질적인 방법이다. 처음에는 이상하고 불편할 것이다. 초자아가 격렬하게 저항하며 '이러면 안 돼', '게으르다'라고 소리칠 것이다. 그 목소리를 듣되 따르지 않는 것이다. 그것은 우리를 보호하는 목소리가 아니라 억압하는 목소리다.

진정으로 자유로워지는 길은 초자아의 목소리를 자각하고, 그것과 거리를 두고, 새로운 내면의 목소리를 키우는 것이다. 비난 대신 격려를, 처벌 대신 이해를, 완벽주의 대신 자비를 선택하는 것이다. 이것은 쉽지 않은 과정이다. 평생 내면화해온 패턴을 바꾸는 것은 오랜 시간과 의식적 노력이 필요하다. 하지만 이 여정은 반드시 시작할 가치가 있다. 우리는 더 이상 내면의 폭군에게 복종하며 살 필요가 없다. 자신의 삶의 주인이 될 자격이 있다. 초자아의 잔혹함을 인식하는 것만으로도 이미 변화는 시작된다. 그 목소리가 진실이 아니라는 것을 아는 순간, 다른 선택을 할 수 있는 힘을 얻는다. 지금 이 순간부터 자신에게 더 친절해지는 것, 그것이 진정한 자유를 향한 첫걸음이다.

"초자아는 이드만큼이나

무자비할 수 있다.

자아가 초자아의 요구에

복종하지 못할 때,

죄책감이라는 형태로 처벌받는다."

• 05 유머의 힘 •

유머는 가장 우아한 저항이다

"유머는 초자아의 억압에 대항하는
자아의 승리적 주장이다."

— 지그문트 프로이트, 《유머》

소개팅 자리에서 물컵을 엎질렀다. 하필 상대방 옷에 쏟았다. 얼굴이 달아오르고 머릿속이 하얘졌다. '왜 하필 이런 자리에서', '첫인상 완전히 망했다', '이 사람 다시는 안 만나겠지'. 그때 상대방이 웃으며 말했다. "저도 긴장하면 이런 일 많아요. 오히려 편해졌네요." 순간 웃음이 터져나왔다. 그 웃음 한 번에 어깨의 긴장이 풀렸다. 상황은 바뀌지 않았지만, 그것을 바라보는 눈이 달라졌다. 프로이트는 유머를 '초자아의 억압에 대항하는 자아의 승리'라고 불렀다. 웃음이 단순한 즐거움의 표현이 아니라 정신세계에서 벌어지는 치열한 투쟁의 결과물이라는 것이다. 내면에는 끊임없이 비난하고 처벌하며 완벽을 요구하는 가혹한 목소리가 존재한다.

이것이 바로 초자아다. 유머는 이 엄격한 심판관의 목소리를 순간적으로 침묵시키고, 자아가 숨 쉴 공간을 확보하는 심리적 기제다. 어려운 상황 속에서도 웃을 수 있다면 그것은 내면의 폭군에게 굴복하지 않고 자아가 승리를 거둔 것이다. 유머는 억압과 규제로 가득한 정신세계에서 자유를 쟁취하는 가장 우아한 방식이다.

이드는 본능적 욕구와 충동이 끓어오르는 무의식의 영역이고, 초자아는 사회의 도덕과 부모의 훈육을 내면화한 가혹한 검열관이며, 자아는 이 둘 사이에서 현실과 타협하며 균형을 잡는 중재자다. 이 구조에서 자아는 결코 편안한 위치가 아니다. 밑에서는 이드가 즉각적인 만족을 요구하며 압박하고, 위에서는 초자아가 도덕적 완벽함을 강요하며 위협한다. 자아는 이 양쪽의 압력 사이에서 아슬아슬하게 균형을 잡으며 살아간다. 그런데 유머는 이 긴장 구조에서 자아가 잠시나마 주도권을 잡고 두 폭군으로부터 해방되는 순간을 이끌어낸다. 유머 속에서 자아는 현실의 도발에 고통받기를 거부한다. 웃음은 자아가 외치는 독립 선언이자 자유의 선포다.

일상을 돌아보면 이 메커니즘이 어떻게 작동하는지 알 수 있다. 얼마나 자주 내면의 목소리가 자신을 비난하는가. '그렇게 하면 안 돼', '충분하지 않아', '더 잘해야 해', '실수하면 안 돼', '창피하게 왜 그래'라는 목소리가 하루에도 수십 번씩 우리를 공격한다. 이것이 초자아의 작동 방식이다. 이 내면의 재판관은 어린 시절부터 들어온 부모의 꾸중, 선생님의 훈계, 사회의 규범을 모두 흡수하여 머릿속에서 끊임없이 재생된다. 문제는 이 목소리가 너무 가혹하고 비현실적이라는 점이다. 초자아는 인간적 한계를 전혀 고려하지 않고 완벽만을 요구한다. 그래서 우리는 늘 부족하고 죄책감을 느끼며 자신을 처벌한다. 하지만 유머는 이 가혹한 심판에 반기를 든다. 자신의 실수를 웃어넘길 때, 그것은 초자아의 독재에서 벗어나 인간으로서의 불완전함을 받아들이는 것이다.

유머의 본질은 관점의 전환이다. 같은 상황을 다른 각도에서 보면서 긴장과 억압에서 해방되는 심리적 운동이다. 프로이트는 농담과 유머가 억압된 것을 안전하게 표현하는 통로라고 보았다. 사회적으로 금지되거나 도덕적으로 용납되지 않는 공격성, 성적 욕구, 불경스러운 생각들이 유머라는 형식을 빌려 표현된다. 직접적으로 말하면 비난받을 내용도 농담으로 포장하면 웃음과 함께 받아들여진다. 이것이 유머의 교묘함이자 천재성이다. 초자아가 금지한 내용을 우회적으로 드러내고, 억압된 에너지를 웃음으로 풀어내는 방식이다. 블랙코미디를 볼 때 사람들이 실제로는 금기시되는 주제를 안전하게 여기는 이유다. 정치 풍자나 사회 비판적 개그가 인기 있는 이유도 여기에 있다. 직접 말하면 위험을 불러올 수 있지만 웃음으로 포장하면 사람들은 훨씬 쉽게 받아들인다.

현대 사회는 유머가 그 어느 때보다 절실하게 필요한 시대다. 사람들은 끊임없는 성과 압박, 비교와 경쟁, 완벽주의적 기준 속에서 살아간다. SNS는 다른 사람들의 완벽해 보이는 삶을 끊임없이 보여주며 초자아를 자극한다. '저 사람만큼 성공해야 해', '저렇게 멋진 삶을 살아야 해', '나는 왜 이 모양이지'라는 생각이 마음을 괴롭힌다. 직장에서는 완벽한 업무 수행이 요구되고, 가정에서는 완벽한 부모와 배우자가 되라는 압박이 있으며, 끊임없이 더 나은 자신이 되라고 강요한다. 이 모든 것이 초자아를 더욱 강력하고 가혹하게 만든다. 그 결과 만성적인 긴장, 불안, 죄책감 속에서 숨쉬기조차 힘들어진다. 이때가 바로 유머가 필요한 순간이다. 웃음은 이 숨 막히는 압박에서 벗어나는 탈출구가 되어준다.

자신을 비웃을 수 있는 능력은 정신적 성숙의 중요한 지표다. 프로이트는 자기 자신에 대한 유머가 가장 높은 수준의 방어 기제라고 말했다. 자신의 실수, 결점, 한계를 유머러스하게 바라볼 수 있다는 것은 자아가 충분히 강하고 안정적이라는 의미다. 불안정한 자아는 자신에 대한 어떤 비판이나 조롱도 견디지 못하고 방어적으로 반응한다. 하지만 건강한 자아는 자신의 불완전함을 인정하고 그것을 웃어넘길 여유가 있다. 자신의 실수를 솔직하게 인정하며 웃을 수 있다면 이미 초자아의 가혹한 처벌에서 벗어난 상태다. 완벽하지 않아도 괜찮다는 것을, 실수는 인간의 자연스러운 부분이라는 것을 받아들이고 있는 것이다. 이것이 진정한 자기 수용이다.

유머는 고통스러운 현실을 견디는 가장 우아한 방법이다. 프로이트 자신이 이를 몸소 보여주었다. 1923년 구강암 진단을 받은 후, 그는 16년간 33번의 수술을 받으며 극심한 고통 속에서 살았다. 그러나 그는 유머를 잃지 않았다. 병문안 온 이에게 "죽음에 대해 생각할 시간이 많아서 좋다"고 농담했다는 일화가 이를 증명한다. 이것이 유머의 놀라운 힘이다. 바꿀 수 없는 현실 앞에서 좌절하고 무너지는 대신, 그것을 다른 각도에서 바라보며 웃을 수 있다. 억울한 일을 겪었을 때나 관계에서 마음이 다쳤을 때, 계획이 예상대로 흘러가지 않을 때, 선택지는 두 가지다. 초자아의 목소리를 따라 자신을 비난하고 처벌하거나, 아니면 유머로 상황을 재해석하고 웃어넘기는 것이다. 후자를 선택할 수 있다면 그것은 이미 성숙한 자아를 가진 것이다. 유머는 비극을 희극으로 전환하는 연금술이다.

그렇다고 유머가 현실 도피나 부정을 의미하는 것은 아니다. 오히려 그 반대다. 프로이트는 이렇게 말했다. "유머는 체념이 아니다. 그것은 반항이다." 진정한 유머는 현실을 정확하게 인식하면서도 그것에 압도되지 않는 능력이다. 어려운 상황을 웃어넘긴다고 해서 그 상황이 사라지는 것은 아니다. 하지만 그 상황에 대한 정서적 지배권을 되찾을 수 있다. 초자아가 '이건 끔찍한 재앙이야, 넌 끝장났어.'라고 외칠 때, 유머는 '그래, 이건 좀 웃기게 꼬였네. 근데 뭐 어때, 살다 보면 이런 일도 있지.'라고 대응한다. 이 관점의 차이가 정신건강을 결정한다. 전자는 우울과 절망으로 이끌지만, 후자는 계속 나아갈 힘을 준다. 유머는 현실을 부정하지 않으면서도 그것을 견딜 수 있게 만드는 심리적 완충 장치다.

현대 심리학 연구들은 프로이트의 통찰을 계속 확인하고 있다. 유머 감각이 뛰어난 사람들은 스트레스에 더 잘 대처하고 우울과 불안 수준이 낮으며 삶의 만족도가 높다. 특히 자기 지향적 유머, 즉 자신을 대상으로 하는 유머를 잘 사용하는 사람들은 정신적으로 더 건강하다. 이들은 실패나 실수를 경험했을 때 자신을 과도하게 비난하지 않고, 그 상황에서 유머를 찾아낸다. 이것은 초자아의 공격을 무력화하는 효과적인 전략이다. 프레젠테이션에서 실수했을 때 '아, 완전히 망했어. 나는 무능해.'라고 생각하면 초자아가 승리한다. 하지만 '와, 방금 내가 역대급 실수를 했네. 나중에 웃으며 이야기할 거리가 생겼어.'라고 생각하면 자아가 승리한다. 이 작은 차이가 회복탄력성을 결정한다.

유머는 또한 사회적 연결과 소통의 좋은 도구다. 함께 웃는다는 것은 같은 관점을 공유한다는 의미다. 누군가와 같은 것을 보고 웃을 때, 그 순간 깊은 이해와 연대를 경험하게 된다. 특히 어려운 상황에서 함께 웃을 수 있다면 그것은 매우 강력한 유대감을 만든다. 농담은 사회적 금기를 함께 살짝 넘나드는 공모의 경험이다. 프로이트는 농담이 억압된 욕망을 우회적으로 드러내고, 그걸 이해하는 사람들 사이에 묵묵한 동맹 의식을 만들어준다고 보았다. 두 사람이 함께 권위를 비웃거나 사회적 규범을 조롱할 때, 그들은 초자아의 억압으로부터 함께 해방되는 것이다. 이것이 유머가 인간관계에서 중요한 이유다. 직장 동료들과 상사에 대한 농담을 나눌 때 사람들은 단순히 웃는 것이 아니라 공동의 억압에서 벗어나는 경험을 공유하는 것이다.

하지만 모든 유머가 건강한 것은 아니다. 공격적이고 파괴적인 유머는 초자아의 또 다른 표현일 수 있다. 타인을 조롱하고 비하하는 유머는 자신의 우월감을 확인하고 타인을 공격하려는 초자아의 욕구를 반영한다. 이런 유머는 웃음을 만들지만 동시에 상처를 주고 관계를 파괴한다. 진정으로 성숙한 유머는 자신을 포함한 인간 존재의 보편적 한계와 모순을 따뜻하게 바라본다. 누군가를 조롱하는 농담에 의존한다면 그것은 사실 불안정한 자아를 방어하기 위한 시도일 수 있다. 반대로 자신과 상황을 부드럽게 웃어넘기는 유머는 내적 안정감에서 나온다. 진정한 유머는 공격이 아니라 수용이고, 비난이 아니라 이해다.

나는 얼마나 자주 웃는가. 특히 어려운 상황에서 유머를 찾을 수 있는가. 자신의 실수와 한계를 웃어넘길 수 있는가. 이 질문들에 대한 답이 부정적이라면 초자아가 지나치게 강하게 작동하고 있다는 뜻이다. 자신을 과하게 압박하고 작은 실수도 용납하지 못하는 것이다. 이것은 건강하지 않다. 누구나 불완전한 인간이고, 실수하며, 때로는 우스꽝스럽다. 이것은 완전히 정상이다. 이 사실을 받아들이고 웃을 수 있어야 한다. 자신을 웃을 수 있을 때, 비로소 초자아의 폭정에서 벗어나 진정한 자유를 경험하게 된다.

유머를 기르는 것은 실제로 가능하고 필요한 일이다. 첫째, 자기 내면의 목소리를 의식해보는 것이다. 실수했을 때 자신에게 어떤 말을 하는가? 그 목소리가 너무 가혹하다면 의식적으로 그것을 부드럽게 만들어 보자. '나는 완전히 실패했어'를 '뭐, 완벽하게 실패하는 법을 배웠네'로 바꿔보는 것이다. 둘째, 일상에서 유머를 찾는 연습을 해보자. 출근길 지하철의 혼잡함, 업무 중 발생하는 예상치 못한 상황들, 인간관계의 작은 오해들을 다른 각도에서 바라보는 것이다. 셋째, 자신의 실수와 한계를 기록하고 나중에 웃으며 돌아보자. 지금은 심각해 보이는 일도 시간이 지나면 우스운 일화가 된다. 그렇다면 지금도 조금은 여유를 가지고 바라볼 수 있지 않을까. 넷째, 유머 감각이 있는 사람들과 시간을 보내보자. 웃음은 전염된다.

프로이트 자신이 보여준 유머의 태도는 중요한 교훈을 준다. 그는 인간 정신의 어두운 면을 탐구하면서도 그것을 유머러스하게 바라볼 수 있었다. 그는 인간이 얼마나 비합리적이고 모순적인지 알았지만 그것을 조롱하지 않고 따뜻하게 이해했다. 그는 자신의 이론이 받는 비판과 공격에도 유머로 대응했다. 이것이 진정한 지혜다. 삶의 고통과 모순을 정확하게 보면서도 그것에 압도되지 않고, 오히려 그 안에서 웃음을 찾는 능력이다. 누구나 이 능력을 기를 수 있다. 삶이 완벽하지 않아도, 계획대로 되지 않아도, 실수투성이여도 괜찮다. 그것이 인간의 삶이다. 그리고 그 불완전함이야말로 유머의 원천이다.

결국 유머는 살아가는 태도의 문제다. 삶을 무겁고 심각한 짐으로 볼 수도 있고, 때로는 우스꽝스럽고 부조리하지만 그래서 더 흥미로운 모험으로 볼 수도 있다. 전자의 태도는 초자아가 지배하는 삶이고, 후자의 태도는 자아가 주도하는 삶이다. 프로이트가 말한 초자아에 대한 자아의 승리란 바로 이것이다. 삶을 진지하게만 받아들이지 않고 그 안에서 웃음을 찾을 수 있다면, 그것은 내면의 폭군을 물리친 것이나 다름없다. 완벽하지 않아도 되고, 모든 것을 통제할 필요도 없으며, 실수해도 괜찮다는 것을 받아들인 것이다.

오늘부터 삶에서 유머를 의식적으로 찾아보자. 출근길에 발생한 작은 해프닝, 업무 중 겪은 당황스러운 순간, 저녁 식사 준비 중 일어난 작은 사고들을 다른 시각으로 바라보자. 무엇보다 자신에게 가혹하게 굴지 않아도 된다. 실수했을 때, 초자아가 비난을 퍼붓기 시작할 때, 잠시 멈추고 그 상황의 우스운 면을 찾아보자. '완벽한 실수 매뉴얼을 작성 중이야', '이 정도면 실수의 예술이야', '나중에 술자리에서 할 이야기가 생겼네'라고 생각해 보는 것이다. 이런 작은 관점의 전환이 초자아의 독재에서 해방시킨다. 웃음은 자유의 소리이고, 유머는 정신적 건강의 증거다. 웃을 수 있다면 살아있는 것이다. 자신을 웃을 수 있다면 진정으로 자유로운 것이다.

"자신을 웃을 수 있을 때,

비로소 내면의 폭군으로부터

자유로워진다."

사랑은 눈을 멀게 하고, 그래서 아름답다

"사랑에 빠진다는 것은 대상의 성적 과대평가를 수반한다. 사랑하는 대상은 비판으로부터 어느 정도 면제되고, 그의 모든 특성은 사랑하지 않는 사람보다 높이 평가된다."

— 지그문트 프로이트, 《집단심리학과 자아 분석》

첫눈에 반한 경험이 있는가. 처음 본 순간 심장이 뛰며 그 사람의 모든 것이 특별해 보이고 결점조차 매력으로 느껴졌던 경험 말이다. 무뚝뚝한 태도는 신비로운 깊이로, 산만함은 자유로운 영혼으로, 고집은 강한 의지로 보였다. 친구들이 '눈에 콩깍지가 씌었다'고 놀려도 그 말은 귀에 들어오지 않는다. 객관적으로 보면 평범한 사람인데 왜 그토록 특별하게 느껴졌을까. 프로이트는 이 현상을 '성적 과대평가'라고 불렀다. 사랑에 빠진 사람은 상대를 실제보다 훨씬 높이 평가하고, 어느 정도의 비판으로부터 면제시킨다. 흥미로운 점은 프로이트가 이 맹목성을 결함이 아니라 사랑의 필수 요소로 보았다는 것이다. 사랑이 눈을 멀게 하는 것은 실수가 아니라 사랑이 작동하기 위한 필수 조건이다.

프로이트는 리비도라는 심리적 에너지 개념을 제시했다. 사랑은 본질적으로 이 리비도가 특정한 한 사람에게 집중적으로 쏟아지는 현상이다. 무의식의 깊은 곳에서 우러나오는 심리적 에너지가 한 대상에게 과도하게 투자되고 그 사람과의 심리적 결합을 추구하게 된다. 이 과정에서 사람들은 상대를 있는 그대로 보는 것이 아니라 무의식적 욕구와 이상이 투영된 모습으로 본다. 상대방은 단순히 그 자신이 아니라 평생 찾아왔던 무언가의 화신이 된다. 어린 시절 충족되지 못한 애정의 욕구, 이상적인 부모상, 완벽한 자기 자신의 이미지가 모두 그 사람에게 투사된다. 우리는 상대를 보는 것이 아니라 상대를 통해 우리 자신의 무의식적 이상을 보고 있다.

이러한 이상화는 비합리적으로 보일 수 있지만 실은 사랑이 형성되고 유지되기 위한 필수적인 심리적 기능이다. 만약 처음 만난 사람을 완전히 객관적이고 냉정하게 평가한다면 어떻게 될까. 모든 결점과 한계가 선명하게 보이고 미래의 갈등 요소들이 또렷하게 인식된다면 누구도 그 사람과 평생을 함께하겠다는 결정을 내릴 수 없을 것이다. 이상화라는 심리적 여과 장치는 상대의 장점을 확대하고 단점을 축소하거나 심지어 매력적인 특성으로 전환시킨다. 무뚝뚝함은 신비로운 깊이로, 산만함은 자유로운 영혼으로, 고집은 강한 의지로 재해석된다. 이러한 긍정적 왜곡 없이는 친밀한 관계의 초기 단계를 통과할 수 없다. 환상은 두 사람이 서로에게 가까이 다가가고, 취약함을 드러내고, 깊은 유대를 형성할 수 있는 심리적 안전망을 제공한다.

하지만 모든 사랑이 건강한 것은 아니다. 병적인 사랑과 성숙한 사랑을 구분하는 것은 바로 환상과 현실 사이의 균형이다. 병적인 사랑은 현실을 완전히 부정하고 환상 속에만 머물러 있다. 상대를 독립적인 인격체로 보지 못하고, 자신의 무의식적 욕구를 채워주는 대상이나 이상적 자기상의 연장으로만 인식한다. 프로이트는 이를 '나르시시즘적 대상 선택'이라 불렀다. 이런 사랑에서 상대방은 '그 사람 자체'가 아니라 '내가 원하는 이미지'일 뿐이다. 이러한 사랑에서 상대방의 진짜 모습은 보이지 않는다. 오직 자신이 투사한 이미지만 존재하며, 상대가 그 이미지에서 벗어나려 하면 분노하고 상처받는다. 이것은 사랑이 아니라 자기애의 확장이다. 반면 성숙한 사랑은 초기의 이상화 단계를 거친 후, 점진적으로 상대의 진짜 모습을 보기 시작한다. 환상이 깨지는 이 과정은 고통스럽지만 필수적이다. 상대의 결점과 한계를 인식하면서도 여전히 사랑을 선택하는 것, 완벽한 이상이 아닌 불완전한 현실을 받아들이면서도 함께하는 것이 진정한 사랑이다.

현대 사회는 사랑의 환상을 극단적으로 증폭시킨다. 영화, 드라마, 소설은 완벽한 로맨스의 신화를 끊임없이 재생산한다. 천생연분, 운명적 사랑, 영원한 열정 같은 이상화된 개념들이 기대치를 비현실적으로 높인다. 문제는 우리가 타인의 사랑을 '가장 아름다운 순간'으로만 본다는 점이다. 감동적인 프러포즈 영상이나 기념일마다 주고받는 선물, 함께 떠난 여행 사진은 모두 편집된 하이라이트일 뿐이다. 그 뒤에 숨은 다툼, 권태, 타협의 순간은 보이지 않는다. 우리는 타인의 '최고의 순간'과 자신의 '평범한 일상'을 비교하며 '우리 관계는 뭔가 부족한 건 아닐까'라고 의심한다. 데이팅 앱은 사랑을 소비재처럼 만들어 완벽한 파트너를 찾아 끝없이 스와이프하게 만든다. 조금이라도 이상에서 벗어나면 다음 사람으로 넘어가는 이 문화는 환상의 유지를 극대화하면서 동시에 진정한 관계를 형성하지 못하게 막는다. 사람들은 완벽한 환상을 찾아 헤매지만 정작 그 환상이 현실과 만나는 순간을 견디지 못한다. 이상화 단계에서 환멸 단계로의 자연스러운 전환을 실패로 받아들이고 새로운 환상을 찾아 떠난다.

지금 사랑하는 사람을 바라보고 있는가, 아니면 나의 투사를 보고 있는가? 불편하게 느껴지더라도 이 질문은 피할 수 없다. 사랑한다고 생각하는 그 사람의 특정한 특성들을 나열해보자. 그리고 정직하게 물어보는 것이다. 이것은 정말 그 사람의 특성인가, 아니면 내가 그 사람에게서 보고 싶어 하는 것인가? 상대에게서 찾는 것은 무엇인가? 어린 시절 받지 못한 사랑인가? 불완전함을 보완해줄 완벽한 반쪽인가? 내가 되고 싶었던 이상적 자기상인가? 이러한 투사를 인식하는 것은 사랑을 파괴하는 것이 아니라 오히려 진짜 사랑으로 나아가는 첫걸음이다. 환상을 유지하려는 필사적인 시도가 아니라 환상과 현실 사이에서 균형을 찾는 성숙함을 향해 나아가는 것이다.

사랑의 환상은 유년기 경험과 깊이 연결되어 있다. 사랑에서 찾는 것은 종종 어린 시절 부모와의 관계에서 경험했던 것이거나 반대로 경험하지 못해서 갈망했던 것이다. 충분한 사랑을 받지 못한 사람은 조건 없이 자신을 받아들여줄 완벽한 부모 같은 연인을 찾는다. 과잉보호 속에서 자란 사람은 자신을 구속하지 않는 자유로운 사랑을 갈망하지만, 동시에 무의식적으로는 익숙한 통제적 관계 패턴을 반복한다. 감정적으로 냉담한 부모 아래에서 성장한 사람은 차갑고 무관심한 파트너에게 끌리며, 그들의 사랑을 얻기 위해 어린 시절의 좌절을 무의식적으로 재연한다. 사람들은 사랑을 선택한다고 생각하지만 실제로는 무의식이 익숙한 패턴을 반복하도록 이끈다. 해결되지 않은 유년기의 상처와 욕구가 현재의 사랑에 투영되고, 사람들은 과거를 고치려는 시도로서 현재의 관계를 살아간다.

이상화가 깨지는 순간은 모든 사랑에서 불가피하게 찾아온다. 처음의 열정이 식고 상대의 짜증 나는 습관들이 보이기 시작하면서 환상과 현실 사이의 간극이 선명해진다. 이 순간이야말로 진짜 사랑이 시작되는 지점이다. 많은 사람들이 이 단계에서 관계를 끝내고 새로운 환상을 찾아 떠나지만 이는 끝나지 않는 악순환일 뿐이다. 성숙한 사랑은 환멸의 단계를 통과하여 상대를 있는 그대로 받아들이는 선택이다. 완벽하지 않은 그 사람, 나의 모든 기대를 충족시키지 못하는 그 사람, 나의 투사와는 다른 그 사람을 그대로 사랑하기로 다짐하는 것이다. 이것은 체념이 아니라 현실적 사랑이다. 환상 속의 완벽한 사랑이 아니라 불완전한 두 사람이 서로의 불완전함을 받아들이며 함께 성장하는 진짜 사랑이다.

환상과 현실 사이의 균형을 찾는 것이 사랑의 핵심 과제다. 너무 빨리, 너무 철저하게 환상을 깨뜨리면 사랑은 무미건조한 동거로 전락한다. 모든 것을 냉정하게 분석하고 계산하는 실용적 관계는 안정적일 수 있지만 생명력이 없다. 반대로 현실을 완전히 부정하고 환상에만 머물러 있으면 관계는 필연적으로 고통스러운 충돌과 환멸로 끝난다. 건강한 사랑은 적절한 이상화를 유지하면서도 현실을 직시한다. 상대의 장점을 보고 감사하지만 단점도 알고 받아들인다. 특별한 순간에는 여전히 서로를 이상화하고 낭만을 느끼지만 일상에서는 평범한 불완전함을 함께 살아간다. 이러한 균형은 저절로 이루어지지 않는다. 의식적인 노력과 성숙한 자기 인식이 필요하다.

사랑에서 되풀이되는 패턴을 한 번 돌아보자. 늘 비슷한 유형의 사람에게 마음이 끌리는가? 관계의 끝맺음이 언제나 닮아 있는가? 이런 반복은 무의식이 익숙한 것을 다시 찾고 아직 풀리지 않은 과거를 되살리려는 움직임에서 비롯된다. 이 패턴을 깨기 위해서는 먼저 그것을 인식해야 한다. 자신의 사랑 이야기를 객관적으로 돌아보자. 어떤 주제가 반복되는가? 어떤 갈등이 되풀이되는가? 항상 구원자 역할을 하는가, 아니면 구원받아야 할 희생자 역할을 하는가? 친밀함을 갈망하면서도 동시에 두려워하는가?

진정한 친밀감은 환상을 넘어선 곳에서 시작된다. 역설적이게도 우리는 이상화를 통해 사랑에 빠지지만 진짜 친밀함은 이상화를 내려놓을 때 가능하다. 취약함을 보여주고, 완벽하지 않은 모습을 드러내고, 상대도 완벽하지 않음을 받아들일 때, 비로소 진짜 만남이 일어난다. 가면과 가면이 만나는 것이 아니라 사람과 사람이 만나는 것이다. 이것은 무섭고 위험한 일이다. 환상의 보호막 없이 진짜 자신을 드러내는 것은 거부당할 위험을 감수하는 것이기 때문이다. 하지만 이 위험을 감수하지 않으면 진정한 사랑은 불가능하다. 가짜 자아가 받는 사랑은 진짜 사랑이 아니며, 진짜 자아가 받는 사랑만이 우리를 채운다.

현대의 사랑은 특별한 도전에 직면해 있다. 선택지가 무한하다는 환상은 결정을 어렵게 만들고, 더 나은 대안이 있을지 모른다는 불안은 몰입을 방해한다. 사람들은 언제든 더 좋은 선택을 할 수 있다고 믿기 때문에 눈앞의 관계에 완전히 투자하지 못한다. 이것은 역설적으로 어떤 관계도 깊어지지 못하게 만든다. 완벽한 사랑은 찾는 것이 아니라 만들어가는 것이다. 불완전한 두 사람이 서로의 불완전함과 씨름하며, 환상이 깨지고 재구축되는 과정을 지나, 갈등을 해결하고 상처를 치유하면서 함께 성장하는 것이 사랑이다. 이 과정을 회피하고 완벽한 파트너를 찾아 헤매는 것은 끝없는 미궁이다.

사랑의 환상을 인정하자. 상대를 완전히 객관적으로 보지 못한다는 사실을 받아들이는 것이다. 투사와 이상화를 부정하지 말고 인식해보자. 동시에 이것이 필요하고 자연스러운 것임을 이해하는 것이다. 환상 없이는 사랑이 시작될 수 없다. 하지만 환상에만 머물러서도 안 된다. 점진적으로, 부드럽게, 상대의 진짜 모습을 보기 시작해보자. 환멸을 두려워하지 않아도 된다. 환멸은 끝이 아니라 진짜 사랑의 시작이다. 완벽한 이상이 아닌 불완전한 현실을 사랑해보자. 나의 모든 기대를 충족시키지 못하는 그 사람을 그대로 받아들이는 것이다. 이것이 성숙한 사랑이다.

자신도 이상화와 투사의 대상임을 기억하는 것이 중요하다. 상대방도 나를 있는 그대로 보는 것이 아니라 자신의 무의식적 욕구와 이상을 투사하고 있다. 상대의 환상 속 나와 진짜 나 사이의 간극을 인식해보자. 완벽한 연인, 이상적인 파트너의 역할을 연기하려는 시도를 멈추는 것은 어떨까. 진짜 나의 모습을 보여주는 것이다. 취약함과 불완전함을 포함한 전체의 나를 드러내보자. 상대가 환멸을 느낄 수 있다. 하지만 그 환멸을 견디고도 남아있는 사랑만이 진짜다. 가짜 자아가 받는 사랑은 결국 우리를 공허하게 만든다.

사랑은 무의식의 가장 깊은 곳에서 우러나오는 원초적 힘이다. 리비도 에너지가 한 사람에게 집중되고, 그 사람과의 결합을 추구하는 이 강렬한 충동은 사람들을 압도한다. 이성적 판단을 흐리게 하고, 객관성을 잃게 만들며, 현실 감각을 왜곡시킨다. 이것이 사랑의 '광기'다. 하지만 이 광기는 필요하다. 냉정하고 이성적인 계산만으로는 누구도 다른 사람과 깊이 결합할 수 없기 때문이다. 환상과 이상화라는 일시적 광기가 우리를 친밀함의 문턱을 넘게 한다. 그리고 그 문턱을 넘은 후, 점진적으로 정신을 되찾고 현실을 직시하기 시작한다. 이 과정이 고통스럽지만 이것이 사랑의 자연스러운 진화이다.

건강한 관계는 환상과 현실, 이상화와 수용, 열정과 안정 사이를 유연하게 오간다. 기념일이나 특별한 순간에는 여전히 서로를 이상화하고 낭만을 느낀다. 하지만 일상의 대부분은 평범하고 때로는 지루하다. 이 두 가지 모두가 사랑이다. 환상만 있고 현실이 없으면 관계는 지속될 수 없고, 현실만 있고 환상이 없으면 관계는 생명력을 잃는다. 균형이 필요하다. 이 균형은 자동으로 이루어지지 않으며, 두 사람의 의식적이고 지속적인 노력이 필요하다. 서로의 장점을 보고 감사하는 연습, 일상에서 특별함을 발견하는 노력, 익숙함 속에서도 신선함을 유지하려는 창의성이 관계를 살아있게 만든다.

지금 누구를 사랑하고 있는가? 진짜 그 사람인가, 아니면 내가 만든 이미지인가? 이 질문과 함께 살아가자. 계속해서 자신에게 물어보고 정직하게 대답하는 것이다. 그리고 점진적으로, 용기 있게, 환상에서 현실로 나아가보자. 이상화에서 수용으로, 투사에서 진짜 만남으로 이동해보자. 이 여정은 환멸을 거쳐야 하지만 그 끝에는 더 깊고 진실한 사랑이 기다린다. 사랑의 눈먼 상태를 완전히 거부하지도, 영원히 그 상태에 머물지도 않는 것이 좋다. 필요한 만큼의 환상을 유지하면서도 필요한 만큼의 현실을 직시해보자. 이것이 성숙한 사랑의 기술이다.

"환상이 깨질 때
사랑이 끝나는 것이 아니다.

환상이 깨진 후에도
선택하는 것이 진짜 사랑이다."

자신을 사랑해야 타인을 사랑할 수 있다

"우리는 병들지 않으려면 사랑해야 한다.
그리고 좌절로 인해 사랑할 수 없게 되면,
우리는 반드시 병들게 된다."

— 프로이트, 《나르시시즘 서론》

그리스 신화에 나르키소스라는 청년이 있었다. 그는 물에 비친 자신의 모습을 보고 사랑에 빠졌다. 그 모습이 자기 자신인 줄 모른 채 그는 물가를 떠나지 못했고 결국 그 자리에서 수선화가 되었다. 수천 년 동안 이 이야기는 자기애의 위험성을 경고하는 우화로 전해졌다. 우리 사회도 마찬가지다. 자기애를 이기심과 동일시하며 타인을 배려하지 않는 부정적 특성으로 간주한다. 그러나 프로이트는 이 오래된 통념을 완전히 뒤집었다. 그는 '나르시시즘'이라는 개념을 정신분석학에 도입했다. 리비도(정신적 에너지)는 처음에 자아에 투자되어 있다가 나중에야 외부 대상으로 확장된다는 것이었다. 다시 말해, 모든 사랑은 자기 자신에 대한 사랑에서 시작된다는 것이었다. 나르키소스의 진짜 문제는 자기를 사랑한 것이 아니라 자기 바깥으로 나아가지 못한 것이었다. 프로이트는 자기애를 병으로 보지 않았다. 오히려 그것이 결핍되었을 때 진짜 문제가 시작된다고 보았다. 자신에게 애정과 관심을 쏟지 못하는 사람은 공허함을 채우기 위해 타인에게 집착하거나 끊임없이 인정을 구걸한다. 진정한 사랑은 자기 자신에 대한 건강한 사랑에서 시작되며, 이것이 결핍되면 모든 관계가 왜곡된다.

건강한 나르시시즘은 우리가 세상을 살아가는 데 반드시 필요한 심리적 연료다. 자기 자신을 가치 있게 여기고 존중하는 마음이 없다면 우리는 타인의 평가와 인정에 전적으로 의존하게 된다. 자존감은 자신을 사랑하고 돌보는 능력에서 나오며, 이것이 흔들리지 않는 내적 안정감을 만든다. 자신에게 충분한 관심과 애정을 쏟을 때 비로소 타인의 거절이나 비난에 무너지지 않는 단단한 중심이 생긴다. 자기 돌봄은 이기심이 아니라 생존과 성장을 위한 필수적 행위다. 자기 자신에게 쏟는 에너지와 타인에게 쏟는 에너지는 서로 연결되어 있다. 자신의 욕구를 인정하고 충족시키는 것을 죄책감으로 느끼는 사람들이 많다. 하지만 스스로를 돌보지 않으면 결국 힘이 바닥나 아무것도 할 수 없게 된다.

자신을 사랑한다는 것은 자신의 장점과 가능성을 긍정적으로 인식하는 능력이다. 우리 사회는 겸손을 미덕으로 가르치면서 자기 비하와 자기 부정을 강요한다. 우리는 자신의 성취를 축하하지 못하고, 칭찬을 어색해하며, 자신의 재능을 숨기는 것이 미덕이라고 배웠다. 이런 태도는 겸손이 아니라 자기 파괴이며 우리의 잠재력을 억누르는 내면화된 억압이다. 건강한 자기애는 자신의 강점을 솔직하게 인정하고 자부심을 느끼는 것이다. 물론 이것은 타인을 깎아내리거나 비교하면서 우월감을 느끼는 것과 전혀 다르다. 자신을 있는 그대로 긍정하는 것이 모든 성장의 시작점이다.

하지만 나르시시즘에도 어두운 그림자가 있으며, 그것이 병적으로 왜곡될 때 심각한 문제를 일으킨다. 병적 나르시시즘은 자신만이 특별하고 우월하다는 과대망상적 환상에 사로잡힌 상태다. 이들은 타인을 독립적인 주체로 인정하지 못하고 자기 자신의 연장이자 도구로만 취급한다. 그들에게 타인은 자신의 우월함을 확인시켜주는 거울이거나 자신의 욕구를 충족시켜주는 수단일 뿐이다. 타인의 감정, 욕구, 고통은 그들의 관심 밖에 있으며 오직 자신의 만족과 찬사만이 중요하다. 이것은 진정한 자기애가 아니라 극도로 취약한 자아를 방어하기 위한 병리적 기제이다. 병적 나르시시스트는 내면 깊은 곳에서 자신이 무가치하고 공허하다고 느끼며, 이 견딜 수 없는 감각을 부정하기 위해 과장된 자기상을 만들어낸다.

병적 나르시시즘의 핵심은 공감 능력의 결여다. 공감이란 타인의 감정과 입장을 자신의 것처럼 느끼고 이해하는 능력인데, 나르시시스트에게는 이것이 존재하지 않는다. 그들은 타인이 자신과 별개의 내면 세계를 가진 독립적 존재라는 사실을 진정으로 받아들이지 못한다. 모든 관계가 자기중심적으로 해석되며 타인의 행동은 오직 자신과의 관계에서만 의미를 갖는다고 여긴다. 누군가가 슬픔을 표현하면 그들은 자신이 무시당했다고 느끼고, 누군가가 성공하면 자신이 열등해졌다고 분노한다. 그들의 세계에는 오직 자기 자신만이 존재하며 타인은 무대의 배경이나 소품에 불과하다. 이런 관계는 필연적으로 파괴적이고 고통스러우며 진정한 친밀감이 형성될 수 없다.

병적 나르시시스트는 끊임없이 외부의 찬사와 인정을 갈구하면서도 결코 만족하지 못한다. 그들의 내면은 텅 비어 있고, 아무리 많은 찬사를 받아도 그 공허함은 채워지지 않는다. 칭찬을 받으면 잠시 도취하지만 곧 불안과 공허함이 다시 찾아오며 더 많은 인정을 요구한다. 이것은 중독과 같은 악순환이며 만족은 영원히 오지 않는다. 그들은 자신이 완벽하고 특별하다는 환상을 유지하기 위해 끊임없이 외부 세계를 통제하려 한다. 자신의 이미지에 흠집을 낼 수 있는 모든 것을 격렬히 거부하고 부정한다. 비판은 존재 자체에 대한 위협으로 느껴지며 사소한 지적에도 과잉 반응하거나 분노를 폭발시킨다. 이런 극단적 취약성과 방어성이야말로 병적 나르시시즘의 본질이다.

현대 사회는 병적 나르시시즘을 조장하고 강화하는 거대한 장치로 작동한다. 여기서 핵심은 '외부 승인에 대한 의존'이다. SNS 플랫폼은 자기 과시와 자기 전시를 일상화하고 정상화했다. 우리는 매일 자신의 가장 좋은 모습만을 선택적으로 편집하여 업로드하고, '좋아요'와 댓글의 숫자로 자신의 가치를 측정한다. 팔로워 수가 자존감의 척도가 되고 타인의 인정이 존재 이유가 된다. 이것은 진정한 자기애가 아니라 외부 승인에 대한 병적 집착이다. 건강한 자기애는 내면에서 나오지만, 이런 집착은 끊임없이 바깥을 향한다. 거울 속 자신이 아니라 타인의 눈에 비친 자신만을 본다. 소셜 미디어는 우리에게 끊임없이 자신을 브랜드화하고 마케팅하라고 요구한다. 우리의 삶은 남에게 보여주기 위한 콘텐츠가 되고, 진정한 경험과 감정은 사진과 영상을 위한 소재로 전락한다. 이런 환경에서 사람들은 자신의 내면을 들여다보는 대신 타인의 시선 속에서만 자신을 발견하려 한다.

소비 자본주의는 우리의 나르시시즘을 자극하여 이윤을 창출한다. 광고는 우리가 특별하고 유니크한 존재라고 끊임없이 속삭이며, 특정 제품을 소비하면 그 특별함을 증명할 수 있다고 유혹한다. 명품을 소유하는 것은 자기 가치를 확인하는 수단이 되고, 남들이 갖지 못한 것을 소유함으로써 우월감을 느낀다. 이것은 진정한 자기애가 아니라 물질적 소유를 통한 공허한 자기 확인이다. 현대인은 존재가 아니라 소유로 자신을 정의하며 가진 것으로 자신의 가치를 증명하려 한다. 이런 사회에서 내면의 풍요로움과 진정한 자기 이해는 점점 더 어려워진다. 외부의 화려함으로 내면의 공허함을 가리는 것이 일상화되고, 진정한 자기 자신과의 만남은 회피된다.

경쟁 사회는 나르시시즘을 생존 전략으로 만들어버린다. 우리는 끊임없이 타인과 비교되고 평가되며 상대적 우월성이 성공의 기준이 된다. 이런 환경에서 자신을 과대평가하고 타인을 깎아내리는 태도가 적응적 전략처럼 보인다. 겸손하면 무시당하고 자신을 내세우지 않으면 기회를 잃는다. 자기 홍보와 자기 과시가 능력으로 간주되고 타인을 배려하는 것은 약점으로 여겨진다. 이것은 사회 전체를 병적 나르시시즘으로 몰아가는 구조적 문제다. 결국 사람들은 진정한 연대와 협력보다는 경쟁과 차별화에 집착하게 되고 공동체는 파편화된다. 모두가 자신만의 특별함을 증명하려 애쓰지만 역설적으로 모두가 똑같은 방식으로 특별해지려 한다.

그렇다면 건강한 자기애와 병적 나르시시즘을 어떻게 구별할 수 있을까? 가장 중요한 기준은 타인과의 관계 방식이다. 건강한 자기애를 가진 사람은 자신을 사랑하면서도 타인을 독립적 주체로 존중하고 공감한다. 그들은 자신의 가치를 타인과의 비교가 아니라 자기 자신의 기준에서 찾는다. 외부의 인정을 받으면 기쁘지만 그것이 없어도 자신의 가치가 흔들리지 않는다. 비판받으면 방어적으로 반응하기보다는 성찰의 기회로 삼는다. 자신의 실수와 한계를 인정할 수 있으며 완벽하지 않은 자신을 있는 그대로 받아들인다. 타인의 성공을 위협으로 느끼지 않고 진심으로 축하할 수 있으며, 타인의 고통에 공감하고 도울 수 있다. 이것이 성숙한 자기애의 모습이다.

병적 나르시시즘은 실제로는 자기애의 결핍을 과장된 방식으로 보상하려는 시도다. 과대망상적 자기상 뒤에는 극도로 취약하고 불안정한 자아가 숨어 있다. 그들이 자신이 특별하고 우월하다고 집착하는 이유는 내면 깊은 곳에서는 자신이 무가치하고 사랑받을 만하지 않다고 느끼기 때문이다. 이 견딜 수 없는 불안과 공허함을 방어하기 위해 과장된 자기상을 만들어낸다. 진정한 치유는 이 거짓된 자신을 내려놓고 불완전한 진실된 자신을 직면하고 받아들이는 것에서 시작된다. 완벽하지 않아도 괜찮고, 특별하지 않아도 가치 있으며, 타인의 인정이 없어도 존재할 권리가 있다는 것을 깨달아야 한다. 이것이 병적 집착에서 벗어나 건강한 자기애로 가는 유일한 길이다.

당장 본인의 나르시시즘을 점검해보자. 자신을 사랑하는 방식은 건강한가, 아니면 병적으로 왜곡되어 있는가? 타인의 평가에 기분이 극단적으로 좌우되는가? 칭찬을 받으면 도취하고 비판을 받으면 분노하거나 무너지는가? 타인을 진정으로 독립적 존재로 존중하며 그들의 감정에 공감하는가, 아니면 자신의 욕구를 충족시키는 도구로 취급하는가? 타인의 성공을 진심으로 축하할 수 있는가, 아니면 위협과 열등감만 느끼는가? 자존감은 내면의 확신에서 나오는가, 아니면 외부의 인정과 소유물에서 나오는가? 이런 질문들에 정직하게 답하는 것이 자기 이해의 시작이다.

건강한 자기애를 기르기 위해서는 외부가 아니라 내면으로 관심을 돌려야 한다. 우리의 가치는 타인의 평가나 비교가 아니라 우리 자신의 기준에서 나온다. 자신이 누구이며, 무엇을 원하고, 어떤 가치를 추구하는지 스스로에게 물어보는 것이다. 타인의 시선을 의식하지 말고 진정으로 자신을 기쁘게 하고 의미 있게 만드는 것이 무엇인지 발견하는 것이다. 자신의 욕구와 감정을 있는 그대로 인정하고 존중하는 연습을 해보자. 자기 돌봄을 죄책감 없이 실천하고 자신에게 친절하고 너그러운 태도를 가지는 것이다. 실수하고 실패해도 자신을 가혹하게 비난하지 말고 이해하고 위로하자. 이것이 진정한 자기 사랑이다.

동시에 타인에 대한 공감 능력을 의식적으로 키워야 한다. 자기 자신에 대한 사랑과 타인에 대한 사랑은 대립하지 않으며, 오히려 서로를 강화한다. "사랑에 빠진다는 것은 자아 리비도가 대상을 향해 흘러넘치는 것이다." 프로이트의 말대로, 자기를 향하던 에너지가 타인을 향한 사랑으로 옮겨지는 순간이다. 자신을 충분히 사랑할 때, 타인을 경쟁자나 위협으로 보지 않고 함께 성장할 동료로 볼 수 있다. 타인의 감정과 입장을 진정으로 이해하려는 노력이 필요하다. 그들도 우리처럼 고통받고, 두려워하고, 사랑받고 싶어 하는 존재다. 타인의 성공을 자신의 실패로 해석하지 말고, 그들의 성취를 진심으로 기뻐할 수 있는 마음의 여유를 가져보자. 비교와 경쟁의 프레임에서 벗어나 각자의 고유한 가치와 길을 인정하는 것이다. 이것이 성숙한 관계의 토대다.

SNS와 적절한 거리를 유지하는 것이 필수적이다. 소셜 미디어는 도구일 뿐이며 우리의 존재 이유나 가치의 척도가 아니다. '좋아요'와 팔로워 숫자에 집착하는 것은 외부 승인에 중독되는 것이며 진정한 자기애와는 거리가 멀다. 우리의 삶을 타인에게 보여주기 위한 콘텐츠로 만들지 말자. 경험 그 자체를 온전히 느끼고 즐기는 것이다. 사진을 찍기 위해 순간을 놓치지 말고, 진정한 현존과 경험에 집중하는 것이다. 타인의 화려한 피드를 보며 자신의 삶을 비교하고 열등감을 느끼는 악순환에서 벗어나는 것이다. 소셜 미디어는 편집된 환상이지 현실이 아니라는 것을 기억하는 것이 중요하다.

물질적 소유로 자신을 정의하는 습관에서도 벗어나야 한다. 명품이나 고가의 물건을 소유하는 것이 우리를 더 가치 있게 만들지 않는다. 존재가 소유보다 먼저이며, 내면의 풍요로움은 외부의 화려함과 무관하다. 가진 것이 아니라 우리가 누구인지가 중요하다. 자신의 성품, 가치관, 재능, 관계가 진정한 부이며, 이것들은 돈으로 살 수 없다. 소비를 통해 공허함을 채우려는 시도를 멈추고 내면의 진정한 욕구와 필요를 들여다보는 것이다. 진정으로 원하는 것은 물건이 아니라 사랑, 의미, 성장이다.

건강한 나르시시즘은 자신과 타인 사이의 균형 잡힌 사랑이다. 자기 자신을 돌보고 사랑하면서도 타인을 존중하고 공감할 수 있다. 자신의 욕구를 충족시키면서도 타인의 욕구를 고려할 수 있다. 자신의 가치를 확신하면서도 타인의 가치를 인정할 수 있다. 이것은 대립이 아니라 조화이며, 배타적 선택이 아니라 통합이다. 진정한 자기애는 타인에 대한 사랑을 가능하게 하고, 타인에 대한 사랑은 자기애를 더욱 깊게 만든다. 이 선순환이 성숙한 인간관계와 행복한 삶의 토대다.

프로이트가 발견한 것처럼 자기애는 모든 사랑의 출발점이다. 자신을 사랑하지 못하는 사람은 타인을 진정으로 사랑할 수 없으며, 타인의 사랑도 온전히 받아들일 수 없다. 건강한 자기애를 기르는 것은 이기심이 아니라 정신 건강과 관계에 있어 필수 조건이다. 우리는 있는 그대로 가치 있고 사랑받을 자격이 있다. 완벽하지 않아도, 특별하지 않아도, 남보다 뛰어나지 않아도 괜찮다. 자신을 있는 그대로 받아들이고 사랑하는 것에서 모든 것이 시작된다. 이것이 진정한 나르시시즘이며, 성숙한 삶으로 가는 길이다.

"사랑에 빠진다는 것은
자아 리비도가 대상을 향해
흘러넘치는 것이다."

제4부

우리는 문명 속에서 병든다

: 문명 속에서 살아간다는 것의 대가

죄책감은 내가 만든 감옥이다 | 지금의 유혹과 내일의 보상 사이에서 | 말할 수 있게 되는 것, 그 자체가 치유다 | 왜 우리는 스스로를 파괴하는가 | 보이지 않는 나를 찾아가는 여정

죄책감은 내가 만든 감옥이다

"우리가 문명의 진보를 위해 치르는 대가는 죄책감의 고조를 통한 행복의 상실이다."

— 지그문트 프로이트, 《문명 속의 불만》

잘못한 게 전혀 없는데도 죄책감에 시달린 적이 있는가. 부모님께 전화를 자주 못 드린 게 신경 쓰이고, 친구의 부탁을 거절한 뒤 마음이 무거워진다. 정시 퇴근을 했는데도 어딘가 찔리고, 아이와 충분히 시간을 보내지 못한 것 같아 괴롭다. 이런 감정은 삶에서 흔히 마주하게 된다. 그런데 곰곰이 생각해보면 이상하다. 실제로 큰 잘못을 저지른 것도 아닌데 왜 이렇게 자주 죄책감에 시달리는 걸까. 프로이트는 "죄책감은 문명 발전에서 가장 중요한 문제"라고 말했다. 프로이트가 말하는 죄책감은 단순히 잘못을 저질렀을 때 느끼는 일시적 감정이 아니다. 그것은 인간이라는 존재의 본능적 욕구와 문명이 요구하는 도덕적 규범 사이에서 벌어지는 끝없는 내적 전쟁의 산물이다. 아무 잘못도 저지르지 않았는데 막연한 죄책감에 시달린다면 그것은 개인만의 문제가 아니다. 그것은 문명화된 인간이라면 누구나 짊어져야 하는 정신적 대가다. 우리는 사회적 존재로 살아가기 위해 본능을 억압하고, 그 억압의 결과로 죄책감이라는 무거운 짐을 평생 지고 간다. 이 죄책감의 무게를 이해하지 못하면 알 수 없는 불안과 자기 비난 속에서 평생을 헤매게 된다.

죄책감의 뿌리는 우리가 생각하는 것보다 훨씬 깊은 곳에 있다. 그것은 어린 시절로 거슬러 올라간다. 태어날 때부터 인간은 본능적 충동의 덩어리이다. 배가 고프면 즉시 먹고 싶고, 화가 나면 소리 지르고 싶으며, 하고 싶은 것을 즉각 하고 싶어 한다. 하지만 부모는 이러한 본능적 욕구를 제한하기 시작한다. '안 돼', '그러면 나쁜 아이야', '그건 하면 안 되는 거야'라는 말들이 무의식에 각인된다. 이 금지의 목소리는 점차 내면화되어 우리 안에 초자아라는 내적 검열관을 형성한다. 초자아는 부모의 목소리, 사회의 규범, 문화의 금기를 내면에 새겨놓은 심리적 구조물이다. 이것은 무엇을 해도 되고 무엇을 해서는 안 되는지를 끊임없이 감시하고 판단한다. 문제는 이 초자아가 실제 부모보다 훨씬 더 엄격하고 가혹하다는 점이다. 부모는 우리를 용서할 수 있지만, 우리 안의 초자아는 결코 우리를 용서하지 않는다.

죄책감은 본능적 충동과 도덕적 금지 사이의 피할 수 없는 갈등에서 탄생한다. 우리 안에는 여전히 원초적 욕구가 살아 숨 쉰다. 이기적으로 굴고 싶고, 공격적으로 행하고 싶으며, 금지된 것을 욕망한다. 하지만 동시에 우리 안의 초자아는 이러한 욕구를 용납하지 않는다. 욕구가 생기는 순간, 초자아는 즉각 경고음을 울린다. 실제로 그 욕구를 행동으로 옮기지 않았는데도 죄책감을 느낀다. 여기서 중요한 통찰이 나온다. 프로이트에 따르면 죄책감은 행동이 아니라 욕망 자체에서 비롯된다. 어떤 나쁜 생각이나 욕구를 가졌다는 사실만으로도 초자아는 우리를 처벌한다. 이것이 많은 사람이 아무 잘못도 하지 않았는데 죄책감에 시달리는 이유다. 우리는 금지된 욕망을 가졌다는 이유만으로, 그것을 생각했다는 이유만으로 이미 죄를 지은 것처럼 느낀다. 이 무의식적 죄책감은 자유와 행복을 서서히 갉아먹는다.

현대 사회는 죄책감을 더 증폭시키는 구조로 되어 있다. 동창 단체 카톡방에 승진 소식이 올라온다. '축하해!' 라고 답장을 보내지만 마음 한구석이 무겁다. 명절에 친척들을 만나면 괜히 주눅이 든다. 다른 아이들은 학원을 여러 개 다니는데 우리 아이는 그렇지 못할 때, 잘못하는 건 아닌데도 죄책감이 밀려온다. '나는 왜 더 노력하지 못했을까?'라는 자책이 따라온다. 현대 자본주의는 끊임없이 새로운 욕망을 만들어내고, 그것을 충족시키지 못할 때 우리는 실패자라는 메시지를 받는다. 부모로서 완벽해야 하고 직장에서 성과를 내야 한다. 이와 더불어 건강을 유지해야 하고 자기계발도 해야 한다. 이 모든 것을 동시에 완벽하게 해내지 못하면 죄책감을 느낀다. 이 죄책감은 대부분 비합리적이고 불필요한 것이다. 하지만 우리의 초자아는 이 불가능한 기준을 내면화하여 우리를 끊임없이 채찍질한다.

특히 부모로서 느끼는 죄책감은 현대인이 겪는 가장 무거운 심리적 부담 중 하나다. 우리는 아이에게 완벽한 부모가 되어야 한다는 압박을 느낀다. 아이와 충분한 시간을 보내지 못했다는 죄책감, 화를 냈다는 죄책감, 더 나은 환경을 제공하지 못했다는 죄책감이 우리를 짓누른다. 하지만 이것을 깨달아야 한다. 완벽한 부모는 존재하지 않으며, 부모 역시 본능적 충동과 한계를 가진 인간이다. 가끔 화를 내고 실수하고 부족한 것은 자연스러운 일이다. 우리의 부모도 그랬고, 모든 부모가 그렇다. 아이에게 필요한 것은 완벽한 부모가 아니라 진정성 있는 부모다. 과도한 죄책감은 오히려 아이를 불안하고 경직되게 만들어 아이와의 관계를 해친다. 자신의 인간적 한계를 인정하고 받아들일 때 비로소 아이에게도 진정으로 따뜻하고 자유로운 부모가 될 수 있다.

직장에서 느끼는 죄책감 역시 많은 현대인을 괴롭힌다. 더 많이 일해야 한다고, 더 나은 성과를 내야 한다고, 더 헌신해야 한다고 자신을 채찍질한다. 정시에 퇴근하면 죄책감을 느끼고, 휴가를 가면 동료들에게 미안해하며, 조금이라도 실수하면 자신을 가혹하게 비난한다. 이 죄책감은 대부분 내면화된 과도한 노동 윤리와 완벽주의에서 비롯된다. 누구나 노동자이기 전에 한 명의 인간이다. 사람은 누구나 쉬어도 되고, 실수해도 되며, 완벽하지 않아도 된다. 회사나 조직은 완벽함이 아니라 노동력을 필요로 한다. 계약된 시간 동안 성실히 일했다면 그것으로 충분하다. 그 이상의 헌신과 희생을 요구하는 것은 불합리하며, 그것을 스스로에게 강요하는 것 역시 자신에게 가혹한 일이다. 이 불필요한 죄책감에서 벗어날 필요가 있다.

인간관계 속에서 느끼는 죄책감도 우리를 옭아맨다. 친구의 부탁을 거절하면 죄책감을 느끼고, 연인의 기대에 부응하지 못하면 미안해하며, 가족의 바람을 충족하지 못하면 나쁜 사람이 된 것 같다. 모든 사람을 만족시키려 하지만 그것은 불가능한 일이다. 모든 사람의 기대를 충족시키려는 시도는 결국 자기 자신을 잃어버리는 결과를 낳는다. 누구에게나 '아니요.'라고 말할 권리가 있다. 자신의 욕구와 한계를 표현하는 것은 이기적인 행동이 아니라 건강한 자기 돌봄이다. 진정한 관계는 서로의 한계를 존중하고 받아들이는 것에서 시작된다. 죄책감 때문에 자신을 희생하며 유지되는 관계는 건강하지 않을 뿐더러 오래가지 못한다. 자신의 경계를 설정하고 지킬 권리가 있으며 그것에 대해 죄책감을 느낄 필요가 없다.

과도한 죄책감은 자유를 빼앗고 삶을 마비시킨다. 끊임없는 자기 비난과 자기 처벌 속에서 움츠러든다. 새로운 시도를 하지 못하고, 자신의 욕구를 표현하지 못하며, 행복을 누릴 자격이 없다고 느낀다. 죄책감은 자신에게 가하는 가장 잔인한 형벌이다. 그것은 에너지를 고갈시킬 뿐만 아니라 창의성을 억압하고 관계를 왜곡시킨다. 행복해지는 것을 방해하는 가장 큰 내적 장애물이 바로 이 비합리적인 죄책감이다. 이제 스스로에게 물어보는 것은 어떨까. '이 죄책감은 정당한가?', '내가 정말로 잘못한 것이 있는가?', '이것은 나의 목소리인가, 아니면 내면화된 타인의 목소리인가?' 이 질문들이 죄책감의 굴레에서 벗어나게 해줄 것이다.

죄책감에서 해방되기 위해서는 먼저 그 근원을 이해해야 한다. 우리가 느끼는 죄책감 대부분은 어린 시절 내면화된 부모의 목소리다. 이미 성인이 되었지만 우리 안의 초자아는 여전히 어린아이를 다루듯 우리를 대한다. 이제 그 목소리가 현재의 나에게 적합한지, 합리적인지 검토해야 한다. 어린 시절에는 생존을 위해 부모의 기준을 내면화할 수밖에 없었다. 하지만 이제 우리는 독립적인 성인이다. 스스로 판단하고 선택할 능력이 있으며 불합리한 내적 규칙을 수정할 권한이 있다. 우리 안의 가혹한 목소리를 알아차리고, 그것에 의문을 제기하며, 더 자비롭고 현실적인 목소리로 채워보자. 이것은 쉬운 과정이 아니지만 반드시 필요한 작업이다.

자기 용서는 죄책감에서 벗어나는 가장 중요한 열쇠다. 인간은 누구나 실수하고, 부족하며, 때로는 이기적이고 나약하다. 그것이 인간이라는 존재의 본질이다. 완벽한 사람은 없으며, 모든 욕구와 감정을 통제할 수 있는 사람도 없다. 가끔 화를 내고 나쁜 생각을 하며 게으름을 피우는 것은 자연스러운 일이다. 과거의 실수와 부족함을 받아들이고 용서해보자. 용서는 잘못을 정당화하는 것이 아니다. 그것은 과거에 매여 있는 대신 미래로 나아가기를 선택하는 것이다. 과거의 실수로 평생 자신을 처벌할 필요가 없다. 그 경험에서 배우고 성장했다면 그것으로 충분하다. 자기 용서는 자기 사랑의 가장 깊은 형태이며, 진정한 변화의 출발점이다.

죄책감을 내려놓는다는 것은 무책임해지는 것이 아니다. 오히려 그것은 더 자유롭고 창조적으로 책임을 질 수 있게 된다. 죄책감에 사로잡혀 있을 때 우리는 두려움과 의무감에 의해 행동한다. 하지만 죄책감에서 자유로워지면 진정한 선택과 자발적으로 행동할 수 있다. 처벌이 두려워서가 아니라 그것이 옳다고 생각하기 때문에 선을 행한다. 죄책감 때문이 아니라 사랑과 연대 때문에 타인을 돕는다. 이것이 진정한 도덕성이다. 초자아의 강제가 아니라 자아의 자유로운 선택에서 비롯되는 도덕성 말이다. 죄책감의 노예가 되는 대신 자유로운 도덕적 행위자가 되는 것이다.

이제 죄책감의 무게를 내려놓고 가벼워져보자. 문명인으로 산다는 것은 어느 정도의 죄책감을 감수하는 것을 뜻하지만 그것이 우리를 짓누르고 마비시켜서는 안 된다. 자신의 인간적 한계를 받아들이고, 불합리한 기준을 거부하며, 스스로에게 자비로운 목소리로 말해보자. 내면의 엄격한 판사를 잠시 쉬도록 하고, 자신을 이해하고 격려하는 목소리에 귀 기울여보는 것이다. 자신에게 완벽을 요구하는 대신 성장을 응원해보자. 과거의 실수를 끝없이 반추하는 대신 현재에 집중하고 미래를 준비해보자. 죄책감은 우리를 과거에 묶어두지만 자기 용서는 우리를 미래로 나아가게 한다. 죄책감의 무게에 짓눌려 사는 대신 자유롭게 숨 쉬며 살 권리가 있다. 그 자유는 주어지는 것이 아니라 스스로 쟁취해야 하는 것이다. 지금 이 순간, 자신을 용서하고 내적 자유를 향해 첫걸음을 내디뎌보자.

"죄책감은 과거에 우리를 묶어두지만,

자기 용서는 미래로 나아가게 한다."

지금의 유혹과 내일의 보상 사이에서

"현실 원칙의 도입은
쾌락 원칙의 폐지를 의미하지 않는다.
이는 단지 쾌락을 보호하기 위해
만족을 연기하는 것을 의미한다."

— 프로이트, 《정신 기능의 두 원칙에 관한 정식화》

1960년대 후반, 스탠퍼드 대학의 심리학자 월터 미셸은 네 살짜리 아이들 앞에 마시멜로 하나를 놓았다. 규칙은 간단했다. 지금 당장 먹어도 되지만 15분을 기다리면 하나를 더 받을 수 있다. 아이들의 반응은 극적으로 갈렸다. 어떤 아이는 연구자가 문을 닫자마자 마시멜로를 입에 넣었고, 어떤 아이는 손으로 눈을 가리거나 노래를 부르며 간신히 15분을 버텼다. 놀라운 것은 그 후였다. 미셸이 10년, 20년 뒤 이 아이들을 추적했을 때 기다릴 수 있었던 아이들이 학업 성취도, 사회적 관계, 심지어 건강까지 더 나은 결과를 보인 것이다.

프로이트는 이미 반세기 전인 1911년에 이 현상의 핵심을 설명했다. “인간의 정신은 두 원칙의 지배를 받는다. 쾌락 원칙은 즉각적 만족을 추구하고, 현실 원칙은 그 만족을 연기하여 더 확실하고 큰 보상을 얻으려 한다.” 마시멜로를 참은 아이들은 현실 원칙을 작동시킬 줄 알았던 것이다.

갓난아기를 관찰하면 쾌락 원칙의 순수한 형태를 목격할 수 있다. 배고프면 즉시 울고, 불편하면 곧바로 신호를 보내고, 만족하면 바로 미소 짓는다. 아기에게는 참을성이나 인내심이 존재하지 않는다. 욕구와 만족 사이에 어떤 지연도 허용되지 않는다. 미래를 계획하거나 타인을 배려하거나 사회적 규범을 고려하는 능력은 아직 발달하지 않았다. 오직 지금, 이 순간의 쾌락만이 존재하며 모든 불편함과 고통은 즉각적으로 제거되어야 한다. 프로이트는 이렇게 말했다. “쾌락 원칙의 지배 아래에서 정신은 오직 한 가지 목적만을 추구한다. 불쾌한 긴장을 낮추는 것이다.” 이 원칙이 이드라는 정신 구조의 지배 원리다. 우리 안에도 여전히 이 아기가 살아 있다. 즉각적인 만족을 원하고, 불편함을 참지 못하고, 고통을 피하려는 충동은 성인이 된 지금도 무의식 깊은 곳에서 끊임없이 소리치고 있다.

그런데 우리는 아침 알람을 무시하고 계속 자지 않는다. 따뜻한 이불을 박차고 일어나 차가운 물로 세수하고 출근 준비를 한다. 먹고 싶은 달콤한 음식 대신 건강한 식단을 선택한다. 하고 싶은 말을 참고, 가고 싶은 곳을 포기하고, 사고 싶은 물건을 미룬다. 왜 그렇게 하는 것일까. 쾌락 원칙만으로는 살아갈 수 없다는 것을 배웠기 때문이다. 즉각적인 만족만을 추구하면 장기적으로 더 큰 고통을 겪게 된다는 것을 경험을 통해 알게 되었기 때문이다. 프로이트는 이 깨달음의 순간을 이렇게 설명했다. "현실 원칙의 도입은 쾌락 원칙의 폐지를 의미하지 않는다. 이는 단지 쾌락의 획득을 보장하기 위해 만족을 연기하는 것을 의미한다." 현실 원칙은 쾌락을 포기하라고 명령하지 않는다. 대신 쾌락을 연기하고 조절하라고 요구한다. 지금 당장의 작은 만족을 참고 미래의 더 큰 만족을 위해 기다리는 능력, 이것이 바로 성숙한 인간의 표시다.

프로이트는 이 과정을 자아의 발달이라고 설명했다. 앞서 살펴본 것처럼 자아는 이드의 맹목적인 충동과 외부 현실의 요구 사이에서 균형을 잡는 중재자다. 자아는 '지금 당장'을 외치는 이드에게 '조금만 기다려'라고 말할 수 있는 능력이다. 자아는 현실을 정확히 지각하고, 결과를 예측하고, 합리적으로 판단하고, 적절하게 행동을 조절한다. 강한 자아를 가진 사람은 충동을 억제할 수 있고, 만족을 지연할 수 있고, 현실의 제약을 받아들일 수 있다. 약한 자아를 가진 사람은 즉각적 욕구에 쉽게 굴복하고, 충동적으로 행동하고, 결과를 고려하지 못한다. 우리의 일상은 수많은 크고 작은 선택의 연속이다. 매 순간 쾌락 원칙과 현실 원칙 사이에서 균형을 잡아야 한다. 한쪽으로만 치우치면 삶은 무너진다. 쾌락만을 추구하면 중독과 파멸로 이어지고, 현실만을 따르면 억압과 신경증으로 고통받는다.

현대 사회는 우리에게 모순된 메시지를 끊임없이 보낸다. 한편으로는 '열심히 일하라, 참고 견뎌라, 미래를 준비하라.'라고 말한다. 다른 한편으로는 '지금을 즐겨라, 욕망을 충족하라, 만족을 미루지 마라.'라며 유혹한다. 소비 자본주의는 우리의 즉각적 욕구를 자극하고 증폭시킨다. 클릭 한 번으로 원하는 것을 살 수 있고 배달 앱으로 먹고 싶은 것을 즉시 주문할 수 있다. 스트리밍 서비스로 보고 싶은 영상 역시 바로 볼 수 있다. 기다림은 점점 짧아지고, 만족은 점점 빨라지고, 인내심은 점점 약해진다. 동시에 현대 사회는 우리에게 더 많은 성과와 생산성을 요구한다. 더 빨리 일하고, 더 오래 공부하고, 더 많이 성취해야 한다. 쉬는 것은 나태하다고 여겨지고, 놀이는 시간 낭비로 여겨진다. 이 상반된 압력 사이에서 우리는 찢어진다. 쾌락과 책임, 욕망과 의무, 현재와 미래 사이에서 방향을 잃는다. 이것이 바로 현대인이 겪는 정신적 갈등의 핵심이다.

스스로에게 물어보자. 혹시 지나치게 쾌락 원칙에 지배당하고 있지는 않은가. 힘든 일을 미루고, 불편한 감정을 회피하고, 어려운 선택을 피하고, 즉각적인 위안만을 찾고 있지는 않은가. 스마트폰을 끊임없이 확인하고, SNS를 무한 스크롤하고, 유튜브 영상을 자동 재생으로 보고, 충동구매를 반복하는 행동은 모두 즉각적 만족을 추구하는 쾌락 원칙의 표현이다. 이런 행동은 순간의 공허함과 불안을 잠시 달래줄 수 있다. 하지만 정작 문제는 해결되지 않는다. 해야 할 일은 여전히 남아 있고 마주해야 할 현실은 그대로 존재한다. 즉각적 만족은 마약과 같다. 처음에는 기분이 좋아지지만 점점 더 많은 자극이 필요해지고 내성이 생겨 결국 중독으로 이어진다. 스스로를 통제하지 못하고 충동에 휘둘린다면 그것은 자아가 충분히 강하지 못하다는 신호다.

반대로 혹시 지나치게 현실 원칙에 억압당하고 있지는 않은가. 자신의 욕구를 철저히 억누르고, 쾌락을 철저히 거부하고, 즐거움을 죄악시하고, 모든 것을 미래를 위해 희생하고 있지는 않은가. 열심히 일하지만 쉬지 못하고, 돈을 모으지만 쓰지 못하고, 계획을 세우지만 즐기지 못하고, 목표를 추구하지만 만족하지 못한다. '나중에'라는 말을 입에 달고 살며 현재의 작은 기쁨들을 모두 포기한다. 이렇게 살다 보면 삶은 의무와 책임의 연속이 되고, 기쁨과 즐거움은 사라진 채 공허함과 우울감이 찾아온다. 프로이트는 이렇게 경고했다. "문명이 요구하는 본능의 단념이 과도해지면, 그것은 신경증의 원인이 된다." 쾌락을 완전히 부정하고 현실만을 따르는 삶은 결국 심리적 병을 만들어낸다. 우리는 로봇이 아니다. 욕구를 가진 인간이다. 즐거움을 느끼고, 만족을 경험하고, 쾌락을 누릴 권리가 있다. 건강한 삶은 금욕이 아니라 균형이다.

그렇다면 어떻게 균형을 잡을 수 있을까. 먼저 자신의 욕구를 정직하게 인정하는 것이 필요하다. 쾌락을 추구하는 것은 부끄러운 일이 아니다. 그것은 인간의 본성이다. 편안함을 원하고, 즐거움을 바라고, 고통을 피하고 싶어 하는 것은 지극히 자연스러운 일이다. 이 욕구 자체를 부정하거나 억압할 필요는 없다. 문제는 욕구의 존재가 아니라 그것을 다루는 방식이다. 욕구를 인정한 후에는 그것을 의식적으로 조절하는 법을 배워야 한다. '나는 지금 이것을 원한다'라고 말할 수 있어야 하며, 동시에 '하지만 지금은 적절한 시기가 아니다'라고 판단할 수 있어야 한다. 이것이 바로 자아의 기능이다. 자아는 이드의 충동을 완전히 거부하지 않는다. 대신 그것을 인식하고, 이해하고, 적절한 방식과 시기를 찾아 표현하도록 돕는다. 충동적으로 반응하는 것과 의식적으로 선택하는 것 사이에는 엄청난 차이가 있다.

실제로 매일 작은 연습을 해볼 수 있다. 무언가를 하고 싶은 충동이 일어날 때 즉시 행동으로 옮기지 말고 잠시 멈추는 것이다. 이 짧은 정지 시간이 자아가 개입할 수 있는 공간을 만들어준다. '나는 지금 무엇을 원하는가? 왜 원하는가? 지금 그것을 하면 어떤 결과가 생길까? 다른 선택지는 없는가?'라고 스스로에게 질문해보는 것이다. 이 질문들은 자동적 반응과 의식적 선택 사이에 거리를 만들어준다. 때로는 자신의 욕구를 충족시키는 것이 옳은 선택일 수 있다. 지치면 쉬어야 하고, 스트레스가 심하면 위로가 필요하며, 오래 참고 버텼다면 그만큼의 즐거움도 허락해야 한다. 다른 때에는 욕구를 미루는 것이 더 지혜로운 선택일 수 있다. 중요한 일이 남았거나 장기적 목표 혹은 타인에 대한 책임이 있다면 현재의 만족을 잠시 유예해야 한다. 중요한 것은 우리가 선택하고 있다는 것이다. 충동에 끌려가는 것이 아니라 의식적으로 결정하고 있다는 것이다.

현실 원칙을 따른다는 것은 쾌락을 영원히 포기하는 것이 아니다. 오히려 더 큰 쾌락을 얻기 위한 전략이다. 지금 당장 달콤한 음식을 참는 것은 건강한 몸으로 더 오래 삶을 즐기기 위함이다. 오늘 열심히 공부하고 일하는 것은 미래에 더 많은 자유와 기회를 얻기 위함이다. 현재의 불편함을 견디는 것은 장기적으로 더 큰 만족과 성취를 얻기 위한 투자다. 이것이 바로 성숙한 인간과 미성숙한 인간의 차이다. 미성숙한 사람은 오직 현재만 보고 즉각적 만족만을 추구한다. 성숙한 사람은 미래를 내다보고 장기적 이익을 위해 현재를 조절할 수 있다. 앞서 언급한 마시멜로 실험의 후속 연구들은 이 능력이 단순한 의지력의 문제가 아님을 보여주었다. 기다릴 수 있었던 아이들은 마시멜로를 쳐다보지 않거나 다른 생각이나 놀이로 주의를 돌리는 전략을 사용했다. 만족 지연은 참는 것이 아니라 상황을 다르게 보는 기술이었던 것이다.

하지만 동시에 현재를 완전히 희생해서는 안 된다. '미래'만을 위해 '지금'을 끊임없이 포기하는 삶은 진정한 삶이 아니다. 미래는 보장되지 않는다. 열심히 준비한 그 미래가 영원히 오지 않을 수도 있다. 그래서 균형이 필요하다. 미래를 준비하면서도 현재를 살아야 한다. 계획을 세우면서도 지금 이 순간의 작은 기쁨들을 놓치지 말아야 한다. 일하면서도 쉬어야 하고, 노력하면서도 즐거워야 하고, 성취하면서도 만족해야 한다. 프로이트가 말한 정신 건강은 바로 이 균형에서 나온다. 본능과 현실, 욕구와 책임, 쾌락과 의무 사이에서 조화를 이루는 것이 건강한 삶의 비결이다. 한쪽으로 지나치게 치우친 삶은 반드시 문제를 일으킨다.

일상을 돌아보자. 어떤 순간에 쾌락 원칙을 따르고 있고, 어떤 순간에 현실 원칙을 따르고 있는가. 이 두 원칙 사이에서 지혜롭게 선택하고 있는가, 아니면 한쪽으로 치우쳐 있는가. 만약 항상 충동적으로 행동하고 결과를 고려하지 않는다면 더 강한 자아를 발달시켜야 한다. 만약 자신의 모든 욕구를 억누르고 즐거움을 거부한다면 자신에게 더 관대해져야 한다. 균형은 저절로 찾아지지 않는다. 그것은 의식적인 노력과 지속적인 연습이 필요한 기술이다. 매일 내리는 작은 선택들이 모여 삶의 질을 결정한다. 오늘 하나의 작은 균형을 잡아보는 것은 어떨까. 미뤄왔던 즐거움을 허락하거나 충동적으로 하려던 행동을 잠시 멈추는 등 두 선택 사이에서 의식적으로 결정해보는 것이다. 이것이 바로 성숙한 인간으로 성장하는 과정이다.

결국 프로이트가 말하고자 한 것은 간단하다. 우리는 쾌락을 추구하는 존재다. 이것은 부인할 수 없는 사실이며 부끄러워할 일이 아니다. 하지만 우리는 현실 속에서 살아가는 존재이기도 하다. 사회적 제약과 물리적 한계가 존재하며 타인과 함께 살아가야 한다. 이 두 가지 진실을 모두 받아들이고 그 사이에서 균형을 잡는 것이 지혜로운 삶이다. 쾌락을 부정하지도 말고, 현실을 무시하지도 않는 것이다. 대신 두 원칙이 공존하고 조화를 이루도록 하는 것이다. 쾌락 원칙은 현실 원칙에 의해 대체되지 않는다. 다만 보호될 뿐이다. 충동과 이성, 욕구와 책임, 현재와 미래 사이에서 현명하게 선택하는 것, 이것이 바로 인간으로서 성숙하는 길이며 행복하고 의미 있는 삶을 사는 비결이다.

"쾌락 원칙은

현실 원칙에 의해 대체되지 않는다.

다만 보호될 뿐이다."

말할 수 있게 되는 것, 그 자체가 치유다

"말은 원래 마법이었고,
오늘날까지도 말은 고대의 마법적 힘을 간직하고 있다."
— 프로이트, 《정신분석 입문 강의》

누구나 한 번쯤 이런 경험이 있을 것이다. 오랫동안 마음 속에 담아두었던 이야기를 친구에게 털어놓은 날, 유난히 발걸음이 가볍게 느껴졌던 순간, 아무 해결책도 얻지 못했는데 그저 말했다는 것만으로 가슴을 짓누르던 무게가 사라진 것 같았던 기억, 혹은 밤새 일기장에 마음을 쏟아낸 다음 날, 상황은 그대로인데도 이상하게 견딜 만해졌던 때가 있다. 우리는 그저 '속 시원해졌다'라고 표현하지만, 프로이트는 여기서 인간 정신의 근본적인 치유 원리를 발견했다. 환자가 억압된 기억을 말로 표현하고 그에 따르는 감정을 충분히 느끼며 이야기할 때, 히스테리 증상이 즉시 그리고 영구적으로 사라진다는 것이었다. 말하는 것 자체가 치유인 셈이다.

프로이트의 환자 중 한 명인 안나 O.(본명 베르타 파펜하임)는 이 치료 과정을 '말하는 치료'라고 불렀다. 그녀는 또한 이것을 '굴뚝 청소'라고도 표현했는데, 마치 막혀 있던 굴뚝을 뚫어 연기가 빠져나가듯 말로 표현하면 막혀 있던 감정이 빠져나간다는 의미였다. 이 단순한 표현 속에 정신분석의 혁명적 본질이 담겨 있다. 약물이나 최면, 전기 자극 없이 오직 말하는 것만으로 치유가 일어난다는 발견은 당시로서는 충격적이었다. 침묵과 억압 속에 갇혀 있던 감정과 기억이 언어로 표현되는 순간, 그것은 더 이상 무의식의 어둠 속에서 우리를 괴롭히는 괴물이 아니라 우리가 직면하고 다룰 수 있는 현실이 된다. 프로이트에게 정신분석은 대화 그 이상의 의미를 지녔다. 그것은 언어화할 수 없었던 것을 언어화하고, 의식하지 못했던 것을 의식하며, 이름 붙일 수 없었던 고통에 이름을 부여하는 근본적인 변화의 과정이다.

우리의 내면 깊은 곳에는 이 순간에도 말해지지 못한 채 억압되고 있는 감정들이 존재한다. 그것은 어린 시절 상처받았지만 표현할 수 없었던 분노일 수도 있고, 사랑하는 사람에게 느꼈지만 차마 인정할 수 없었던 배신감일 수도 있으며, 자신의 실패와 부족함에 대한 깊은 수치심일 수도 있다. 이러한 감정들은 사라진 것이 아니다. 그것들은 무의식의 어둠 속에 살아 숨 쉬며 우리의 몸과 마음을 통해 끊임없이 신호를 보낸다. 원인 모를 불안, 설명할 수 없는 우울, 반복되는 신체 증상, 강박적인 행동 패턴, 파괴적인 관계의 반복, 이 모든 것들이 바로 말해지지 못한 감정들이 보내는 절규다. 이 신호들을 계속 무시하고 침묵으로 덮으려 할수록 증상은 더욱 크고 강렬해져서 삶을 장악하게 된다. 프로이트는 이것을 신경증이라고 불렀지만, 쉽게 말해 '말하지 못한 것의 복수'라고 부를 수 있다.

언어화의 힘은 생각이나 감정을 표현하는 것 이상의 의미를 지닌다. 무언가를 말로 표현한다는 것은 혼란스럽고 무정형의 내적 경험에 형태와 구조를 부여하는 행위다. 막연하게 가슴을 짓누르던 불안이 '나는 인정받지 못할까 봐 두렵다'라는 문장이 되는 순간, 그 불안은 이미 다른 형태로 바뀐다. 형태 없는 공포는 이름을 얻는 순간 다룰 수 있는 대상으로 변한다. 프로이트의 환자들이 경험했던 것이 바로 이것이다. 말로 표현할 수 없어서 나타났던 히스테리 증상은 치료자 앞에서 천천히 말이 되어가는 과정을 거치며 점차 사라졌다. 실어증 환자가 다시 말할 수 있게 되는 것처럼 감정을 언어로 표현하는 능력을 되찾는 것 자체가 치유다. 억압되어 무의식에 갇혀 있던 것이 의식의 빛으로 나오는 순간, 그것은 더 이상 우리를 지배하지 못한다.

현대인들이 겪는 대부분의 정신적 고통은 '말하지 못함'의 문제에서 비롯된다. 우리는 강하고 괜찮은 척해야 한다는 압박 속에서 자신의 취약함을 드러내지 못한다. 전문적이고 완벽해야 한다는 직장 문화 속에서 자신의 불안과 두려움을 숨긴다. 긍정적이고 성공한 이미지를 보여야 하는 SNS 문화 속에서 내면의 감정은 억압된다. 가족 안에서조차 '그런 말 하는 게 아니야'라는 금기 속에서 진솔한 감정 표현은 차단된다. 그 결과 우리는 수많은 사람들과 연결되어 있으면서도 근본적으로 고립되어 있다. 우리는 끊임없이 소통하지만 진정으로 말하지는 못한다. 메시지는 오가지만 진실은 침묵한다. 이 침묵이 바로 현대인의 우울과 불안, 공허함과 무의미함의 진짜 원인이다. 진정으로 느끼는 것을 말할 수 없을 때, 사람은 자신으로부터 단절되고 타인으로부터 고립된다.

프로이트의 치료실에서 일어났던 기적적인 변화는 사실 매우 간단한 원리에 기반한다. 그것은 환자가 비난받지 않고 자신의 모든 것을 말할 수 있는 안전한 공간을 제공한다는 것이다. 정신분석 치료에서 환자는 소파에 누워 치료자의 얼굴을 보지 않은 채 자유롭게 연상되는 모든 것을 말한다. 아무리 수치스럽고, 터무니없고, 비도덕적이고, 모순적인 생각과 감정이라도 검열 없이 표현할 수 있다. 치료자는 들을 뿐이다. 판단하지 않고, 충고하지 않고, 평가하지 않고, 그저 온전히 듣는다. 이 경험이 환자를 변화시킨다. 자신의 가장 어두운 면까지도 말할 수 있고, 그것이 받아들여지는 경험은 근본적인 수용과 치유를 가져온다. 환자는 비로소 자기 자신을 온전히 받아들이게 된다. 이것이 진정한 치유다. 누구나 자신의 모든 것을 있는 그대로 말하고, 그것이 온전히 받아들여지는 경험이 필요하다.

하지만 치유적 대화는 반드시 전문적인 치료실 안에서만 일어나는 것이 아니다. 일상의 진솔한 대화 역시 깊은 치유력을 지닌다. 친구와의 깊은 대화, 가족과의 솔직한 소통, 배우자와의 진실한 나눔이 치유의 순간이 될 수 있다. 문제는 우리가 이런 진정한 대화를 점점 잃어가고 있다는 것이다. 우리는 많은 말을 하지만 진짜로 말하지 않는다. 우리는 정보를 교환하고 의견을 나누지만 감정을 공유하지 않는다. 우리는 표면적인 이야기는 하지만 내면의 진실은 숨긴다. 프로이트가 강조했듯이 치유는 깊이에서 일어난다. 표면을 맴도는 대화는 관계를 유지할 수는 있어도 치유를 가져오지 못한다. 진정으로 필요한 것은 자신의 취약함을 드러낼 수 있는 용기와 그것을 안전하게 받아줄 수 있는 관계다. 이것이 없다면 사람은 계속해서 정서적으로 고립되고 내적으로 고통받게 된다.

말하는 것이 치유라면 듣는 것 역시 치유다. 프로이트가 발견한 것은 환자가 말하는 내용만큼이나 치료자가 듣는 방식이 중요하다는 사실이다. 정신분석적 경청은 귀로만 듣는 것이 아니다. 그것은 말 뒤에 숨은 감정을 느끼고, 침묵 속의 의미를 읽으며, 표현되지 못한 것을 이해하는 깊은 수준의 공감적 이해다. 누군가가 자신의 말을 이렇게 들어줄 때, 우리는 비로소 자신이 진정으로 이해받았다고 느낀다. 이 경험은 나의 존재 자체가 가치 있다는 확인이 된다. 현대 사회에서 우리는 듣는 법을 잊어버렸다. 상대의 말을 듣는 동안 이미 자신이 할 말을 준비하고 조언하거나 판단을 내린다. 우리는 경청하지 않고 반응한다. 우리는 이해하려 하지 않고 해결하려 한다. 하지만 대부분의 경우 사람들이 필요한 것은 해결책이 아니라 이해다. 나의 고통을 누군가가 온전히 듣고 이해해준다는 것, 그 자체가 이미 치유다.

침묵의 대가는 우리가 생각하는 것보다 훨씬 크다. 말하지 못한 슬픔은 우울이 되고, 표현하지 못한 분노는 불안이 되며, 억압된 상처는 신체 증상이 된다. 프로이트의 히스테리 환자들이 보여준 것처럼 말로 표현되지 못한 감정은 몸으로 말한다. 원인 모를 두통, 소화 장애, 만성 통증, 수면 장애와 같은 현대 의학으로 설명되지 않는 수많은 신체 증상이 실은 침묵하는 감정의 언어다. 자신의 감정을 억압하고 침묵을 강요할수록 몸과 마음은 더 큰 고통으로 그것을 표현하려 할 것이다. 증상은 말하지 못한 것의 다른 형태다. 증상은 '나를 들어달라'는 무의식의 외침이다. 진정으로 치유되고 싶다면 침묵을 깨고 말해야 한다. 더 이상 견딜 수 없는 것들, 인정하고 싶지 않은 감정들, 수치스럽고 두려운 진실들, 이 모든 것을 말할 수 있게 되는 것이 치유의 시작이다.

그렇다면 구체적으로 어떻게 말해야 할까? 프로이트의 자유 연상 기법은 이에 대한 명확한 답을 제시한다. 검열하지 말고, 편집하지 말고, 합리화하지 말고, 그저 떠오르는 대로 말하는 것이다. 이것이 어려운 이유는 우리가 평생 자신의 생각과 감정을 검열하도록 훈련받았기 때문이다. '이런 생각을 하면 안 돼', '이런 감정은 나쁜 거야', '이런 말을 하면 이상한 사람으로 보일 거야' 이런 내적 검열자의 목소리가 끊임없이 우리의 진실한 표현을 막는다. 하지만 치유는 이 검열을 넘어설 때 시작된다. 일기장에서, 신뢰하는 친구 앞에서, 치료자와의 대화에서, 혹은 혼자 있을 때조차 검열 없이 자신의 진실을 말하는 연습을 시작해보자. 처음에는 어색하고 불편할 것이다. 자신이 하는 말에 놀라고 충격받을 수도 있다. 하지만 계속해보자. 말할 수 있게 되는 것 자체가 이미 변화이고 성장이다.

현대 사회는 역설적으로 소통의 시대이면서 동시에 침묵의 시대다. 우리는 하루에 수백 개의 메시지를 보내지만 진정으로 소통하지 못한다. SNS에서 자신의 일상을 공유하지만 진짜 감정은 숨긴다. 우리는 연결되어 있지만 고립되어 있고, 말하고 있지만 침묵하고 있다. 프로이트가 살았던 빅토리아 시대에는 성적 억압이 주된 문제였다면 오늘날 우리는 감정적 억압의 시대를 살고 있다. 취약함을 드러내는 것은 약함으로 여겨지고, 고통을 표현하는 것은 실패로 간주하며, 도움을 요청하는 것은 부끄러운 일로 치부된다. 이런 문화 속에서 우리는 모두 정서적으로 고립되고 내적으로 고통받는다. 이 침묵의 문화에 도전하고 진실하게 말할 때, 그 사람은 단지 자신만을 치유하는 것이 아니다. 다른 사람들에게도 말할 수 있는 용기를 주고, 진솔한 대화의 문화를 만들어간다.

스스로에게 물어보자. 지금 말하지 못하고 있는 것이 무엇인가? 가슴 깊은 곳에 억눌려 있는 감정은 무엇인가? 누구에게 하고 싶지만 하지 못한 말이 있는가? 어떤 상처가 아직도 말로 표현되지 못한 채 내면에서 썩어가고 있는가? 이 질문들 앞에 정직하게 서보자. 침묵이 나를 보호하고 있다고 생각할 수 있지만 실은 그 침묵이 나를 병들게 하고 있다. 말하지 못한 것들이 증상이 되어 삶을 장악하고 있다. 진정으로 자유롭고 건강하게 살고 싶다면 말해야 한다. 완벽한 말이 아니어도 된다. 체계적이거나 논리적이지 않아도 된다. 그저 진실하면 된다. 나의 진실을 말해보자.

말할 수 있게 되는 것은 단순히 과거의 상처를 털어놓는 것 이상의 의미를 지닌다. 그것은 자신의 존재를 긍정하고, 자신의 경험을 인정하며, 자신의 감정을 존중하는 행위다. 오랫동안 우리는 자신의 감정이 중요하지 않다고, 자신의 고통은 별것 아니라고, 자신의 상처는 과장된 것이라고 스스로를 외면해왔을 수 있다. 하지만 나의 감정은 중요하다. 나의 고통은 실재한다. 나의 상처는 타당하다. 이것을 말로 표현하는 것은 자신의 경험에 정당성을 부여하는 것이다. 프로이트의 환자들이 치유된 것은 단지 억압된 기억을 회상했기 때문이 아니다. 그들은 자신의 이야기를 들어주고, 자신의 감정을 인정받고, 자신의 존재가 존중받는 경험을 했기에 치유됐다. 누구에게나 이러한 경험이 필요하다.

치유적 대화를 위해서는 안전한 공간이 필수적이다. 프로이트의 치료실이 환자에게 제공했던 것은 바로 이 안전한 공간이었다. 판단 받지 않고, 비난받지 않고, 조롱당하지 않으리라는 확신 속에서 사람들은 진실을 말할 수 있다. 현대인들에게 이런 안전한 공간은 점점 더 희귀해지고 있다. 가정에서도, 직장에서도, 심지어 친구 관계에서도 진정으로 안전하게 느끼기 어렵다. 취약함을 드러내면 그것이 약점으로 이용될까 두렵고, 진실을 말하면 관계가 깨질까 걱정된다. 이런 두려움이 우리를 침묵하게 만든다. 하지만 역설적으로 진정한 친밀감과 깊은 관계는 오직 취약함을 나눌 때 형성된다. 안전한 공간을 찾을 수 없다면 스스로 먼저 그런 공간을 만들어보

자. 다른 사람의 이야기를 판단 없이 들어주고, 그들의 감정을 존중하며, 그들의 취약함을 안전하게 지켜주자. 다른 사람에게 제공하는 안전한 공간은 결국 자신에게도 되돌아올 것이다.

'말하는 치료'라는 간단한 표현은 정신분석의 혁명적 본질을 담고 있다. 이것은 동시에 인간 본성에 대한 깊은 통찰을 담고 있다. 인간은 본질적으로 언어적 존재이고 이야기하는 존재다. 우리는 경험을 이야기로 만들고, 감정을 언어로 표현하며, 의미를 말로 구성한다. 언어는 의사소통의 도구이면서 동시에 의미를 만들어내는 수단이고, 정체성을 형성하는 매체이며, 치유의 통로다. 자신의 이야기를 한다는 것은 과거를 나열하는 것과 다르다. 경험에 의미를 부여하고, 흩어진 사건들을 하나의 이야기로 엮어내며, 조각난 자아를 모으는 일이다. 이것이 말하기의 치유력이다.

그러나 모든 말하기가 치유적인 것은 아니다. 프로이트가 강조한 것은 '진실한' 말하기다. 표면적이고 방어적인 말, 다른 사람을 기쁘게 하기 위한 말, 자신을 보호하기 위해 거짓으로 꾸민 말들은 오히려 진실을 더 깊이 묻어버린다. 치유는 위험을 감수하고 진실을 말할 때 일어난다. 부끄럽고 수치스러운 것을, 인정하고 싶지 않은 것을, 말하면 거부당할까 두려운 것을 말할 때 진정한 변화가 시작된다. 이것은 쉽지 않다. 우리는 평생 가면을 쓰고 살아왔고 진짜 자신을 숨기는 데 익숙하다. 하지만 가면을 쓴 채로는 진정으로 치유될 수 없다. 진정으로 자유로워지고 싶다면 가면을 벗고 진실을 말해야 한다. 이것이 두렵다는 것을 안다. 하지만 두려움 너머에 자유가 있다. 진실을 말하는 용기가 우리를 해방시킬 것이다.

오늘 나는 무엇을 말할 것인가? 누구에게 어떤 진실을 나눌 것인가? 더 이상 혼자 짊어지고 가기에는 너무 무거운 짐이 있다면 그것을 내려놓고 누군가와 나눠보자. 말로 표현할 수 없을 것 같은 고통이 있다면 그것을 언어로 만들기 시작해보자. 완벽한 문장이 아니어도, 논리적인 설명이 아니어도 괜찮다. '나는 힘들다', '나는 외롭다', '나는 두렵다', '나는 화가 난다' 이런 간단한 말부터 시작해보자. 나의 진실을 말해보자. 그것이 나를 치유할 것이다. 억압된 것을 언어로 표현하고 감정을 충분히 느끼며 말할 때, 우리를 괴롭히던 것들은 사라지기 시작한다. 침묵을 깨고 목소리를 낼 때면 우리는 이미 변화의 길 위에 서 있는 것이다.

"침묵은 고통을 보존하고,

말은 고통을 변화시킨다.

진실을 말하는 용기가

우리를 자유롭게 한다."

• 04 죽음 본능 •

왜 우리는 스스로를 파괴하는가

"삶의 목표는 죽음이다.
생명체는 자신만의 방식으로 그 길을 걸어가고자 한다."
— 프로이트, 《쾌락 원칙을 넘어서》

다이어트를 결심한 날 밤, 냉장고 앞에 서 있는 자신을 발견한다. 중요한 시험을 앞두고 밤새 유튜브를 본다. 마감이 코앞인데 청소를 시작한다. 잘 되어가던 연애를 괜한 시비로 망친다. 승진 직전에 상사에게 쓸데없는 말을 내뱉는다. 우리는 왜 스스로에게 해로운 줄 뻔히 알면서도 그 행동을 멈추지 못하는 걸까?

1920년, 프로이트는 제1차 세계대전의 참상을 목격한 뒤 충격적인 결론에 도달했다. 인간 안에는 삶을 향한 힘만 있는 것이 아니라 파괴와 죽음을 향한 또 다른 근원적 힘이 존재한다는 것이었다. 프로이트는 이렇게 말했다. "삶의 목표는 죽음이다. 생명체는 자신만의 방식으로 죽음을 향해 나아간다." 삶을 추구하는 본능을 '에로스Eros'라 부른다면 파괴를 향한 본능은 '타나토스Thanatos'였다. 이 불편한 진실 앞에서 당시 학계는 충격에 빠졌다. 우리는 자신을 합리적이고 발전을 추구하는 존재로 여기고 싶어 한다. 그러나 프로이트는 인간 정신의 가장 깊은 곳에 자기 자신을 해체하고 파괴하려는 무의식적 충동이 잠들어 있다고 말한다. 이것은 보통의 비관론이 아니라 인간 심리의 가장 어두운 진실을 직시하는 용기다. 우리가 이 불편한 진실을 인정할 때, 비로소 우리는 스스로를 진정으로 이해하고 변화시킬 수 있는 출발점에 서게 된다.

지금까지 자신의 삶을 돌아보며 이해할 수 없는 선택을 떠올린 적이 있는가? 명백히 나에게 해로운 줄 알면서도 반복했던 행동들, 성공의 문턱에서 스스로 모든 것을 망쳐버렸던 순간들, 사랑하는 사람과의 관계를 자기 손으로 파괴해버렸던 기억들 말이다. 이런 경험들은 그냥 일어난 일이 아니다. 그것은 우리 내면 깊숙한 곳에 자리한 죽음 본능의 발현이다. 타나토스는 조용하지만 집요하게 우리의 행복을 방해하고 성취를 무너뜨리려 한다. 프로이트는 이렇게 설명했다.

"우리는 고통스러운 경험을 무의식적으로 반복하며, 실패의 패턴을 강박적으로 재연한다." 이는 의식적 차원에서는 전혀 원하지 않는 일이지만, 무의식의 깊은 층위에서는 자기 파괴를 향한 은밀한 욕망이 작동하고 있기에 발생하는 것이다.

현대 사회에서 죽음 본능은 다양한 형태로 모습을 드러낸다. 과도한 음주와 약물 남용, 위험한 행동에 대한 강박적 탐닉, 자신의 건강을 돌보지 않는 무관심, 자기 학대적인 노동 패턴은 모두 타나토스의 은밀한 작용이다. 현대의 많은 사람들이 번아웃에 시달리고 있다. 그들은 자신의 한계를 넘어서까지 일하며 스스로를 소진시킨다. 이것이 단순히 책임감이나 성취욕의 결과일까? 아니다. 그 이면에는 자기 자신을 해체하고 싶어 하는 무의식적 욕망이 자리하고 있다. SNS에서 끊임없이 자신을 타인과 비교하며 자존감을 깎아내리는 행동, 건강에 해로운 줄 알면서도 멈출 수 없는 습관들, 분명히 나를 아프게 할 사람에게 반복적으로 끌리는 관계 패턴 역시 죽음 본능의 다른 얼굴이다. 이런 행동들은 의식적으로는 우리가 원하지 않는 것처럼 보이지만 무의식은 다른 이야기를 하고 있다.

프로이트는 삶의 본능인 에로스와 죽음 본능인 타나토스가 끊임없이 대립하며 투쟁한다고 보았다. 에로스는 연결하고 창조하며 생명을 확장하려는 힘이다. 반면 타나토스는 분해하고 해체해 무(無)로 돌아가려는 힘이다. 이 두 본능은 인간 정신 안에서 매 순간 팽팽하게 맞서고 있으며 우리의 모든 행동은 이 두 힘의 복잡한 타협과 균형의 산물이다. 건강한 삶이란 이 두 본능 사이에서 적절한 균형점을 찾는 것이다. 에로스만 지나치게 강하면 우리는 현실을 무시한 채 맹목적으로 팽창하려 하고, 타나토스만 강하면 우리는 자기 파괴의 늪으로 빠져든다. 문제는 현대인의 대부분이 이 균형이 무너져 있다는 점이다. 우리는 타나토스의 존재를 부정하고 억압하려 하지만 억압된 것은 더욱 강력한 형태로 돌아온다.

그렇다면 우리는 어떻게 이 파괴적 충동을 다루어야 할까? 첫 번째 단계는 인정이다. 우리 안에 파괴적 충동이 존재한다는 사실을 솔직하게 받아들여야 한다. 우리는 때로 자신을 망치고 싶어하고, 모든 것을 던져버리고 싶어 하며, 쌓아온 것들을 부숴버리고 싶어 한다. 이것은 부끄러운 일이 아니다. 이것은 인간이라면 누구나 가진 보편적 심리다. 많은 사람들이 이런 충동을 느낄 때 자기 자신을 혐오하고 죄책감에 사로잡힌다. 그러나 그럴 필요가 없다. 이 충동을 인정하는 것이 오히려 우리를 그것의 지배에서 해방시킨다. 무의식에 억압된 충동은 우리가 의식하지 못하는 사이에 우리를 조종하지만, 의식의 빛 아래로 끌어올려진 충동은 우리가 선택하고 통제할 수 있는 대상이 된다.

두 번째 단계는 관찰이다. 자신의 자기 파괴적 패턴을 냉철하게 들여다보는 것이다. 어떤 상황에서 자신을 공격하는가? 어떤 방식으로 자신의 행복을 방해하는가? 성공이 가까워질 때 불안해지고 자기 파괴적 행동을 하지는 않는가? 친밀한 관계가 깊어질수록 상대를 밀어내거나 관계를 망가뜨리려 하지는 않는가? 이런 패턴들을 하나하나 의식적으로 인식하고 기록해보는 것이다. 자기 관찰의 과정은 때로 고통스럽다. 자신이 얼마나 스스로를 학대해왔는지, 얼마나 많은 기회를 스스로 망쳐왔는지 깨닫게 될 것이다. 그러나 이 고통을 견디는 것이 중요하다. 이 고통을 통과해야만 진정한 변화가 가능하다. 패턴을 인식하는 순간, 그 패턴은 이미 우리를 완전히 지배할 수 없게 된다.

세 번째 단계는 전환이다. 죽음 본능 자체를 제거할 수는 없다. 그것은 인간 정신의 근본적인 구성 요소이기 때문이다. 그러나 우리는 그 에너지를 건설적인 방향으로 전환할 수 있다. 프로이트가 말한 '승화'의 원리가 여기에도 적용된다. 파괴의 충동은 창조적 해체로 승화될 수 있다. 무언가를 부수고 싶은 충동을 느낀다면 실제로 부술 수 있는 건설적 대상을 찾으면 된다. 낡은 습관을 깨부수고, 제한적인 신념을 해체하고, 더 이상 우리를 섬기지 않는 관계나 상황을 용기 있게 끝낼 수 있다. 공격성은 부당한 상황에 맞서 싸우는 힘으로 전환될 수 있다. 자기 파괴의 에너지는 낡은 자아를 무너뜨리고 새로운 자아를 건설하는 변화의 동력이 될 수 있다. 예술가들은 오래전부터 이 사실을 알고 있었다. 그들은 내면의 어둠과 파괴성을 작품으로 승화시켜왔다.

공격성을 다루는 방식도 중요하다. 타나토스는 자기 자신을 향할 수도 있고 외부 세계를 향할 수도 있다. 억압된 공격성은 우울증과 자기 학대로 내면화되거나 타인에 대한 폭력과 파괴로 외현화된다. 둘 다 병리적이다. 건강한 방식은 공격성을 인식하고 수용하되 그것을 적절한 통로를 통해 표현하는 것이다. 운동은 훌륭한 공격성 해소 방법이다. 격렬한 신체 활동을 통해 파괴적 에너지를 소진할 수 있다. 창작 활동도 마찬가지다. 글쓰기, 그림 그리기, 음악 만들기는 내면의 어둠을 안전하게 표현하고 전환하는 통로가 된다. 사회 정의를 위한 투쟁도 공격성의 건설적 승화다. 부당한 시스템과 구조에 맞서 싸우는 것은 파괴적 에너지를 의미 있는 변화의 힘으로 전환하는 것이다.

우리는 죽음 본능을 통제할 수 있다. 그러나 이를 위해서는 지속적인 자기 인식과 의식적 노력이 필요하다. 자기 파괴적 충동이 일어날 때마다 그것을 알아차리고 멈춰 서야 한다. '지금 내가 나 자신을 공격하려 하는구나'라고 명명해보는 것이다. 그리고 물어보는 것이다. "이것이 진짜 내가 원하는 것인가? 아니면 무의식적 충동이 나를 조종하고 있는가?" 이 질문을 던지는 것만으로도 충동과 자신 사이에 공간을 만들 수 있다. 그 공간 안에서 선택이 가능해진다. 충동에 자동으로 반응하는 대신에 의식적으로 다른 행동을 선택할 수 있다. 이것이 바로 자유다. 인간의 자유는 본능이 없는 상태가 아니라 본능을 인식하고 그것에 대해 선택할 수 있는 능력에서 나온다.

죽음 본능을 이해하는 것은 또한 타인을 이해하는 열쇠가 된다. 우리 주변의 사람들도 모두 타나토스를 품고 있다. 그들의 자기 파괴적 행동, 설명할 수 없는 공격성, 반복되는 실패 패턴을 이해할 수 있게 된다. 이것은 그들의 행동을 옹호하려는 것이 아니라 더 깊이 있는 이해에 이르는 과정이다. 누군가가 우리를 공격할 때 그것이 우리에 대한 것이 아니라 그들 내면의 파괴적 충동의 표출일 수 있다. 누군가가 자신을 스스로 망칠 때 그것은 나약함이나 어리석음이 아니라 무의식적 죽음 본능의 작용일 수 있다. 이런 이해는 우리를 더 자비롭고 공감적인 사람으로 만든다. 동시에 그것은 타인의 파괴성에 무방비로 노출되지 않도록 보호한다. 경계를 설정하고 자신을 지킬 수 있으면서도 그들을 인간적으로 이해할 수 있다.

프로이트는 말년에 문명과 타나토스의 관계에 대해 깊이 고민했다. 그는 인류 문명 자체가 죽음 본능과 삶의 본능 사이의 거대한 투쟁의 산물이라고 보았다. 전쟁, 학살, 파괴는 집단적 차원에서 표출된 타나토스다. 그러나 동시에 법과 질서, 예술과 문화, 윤리와 도덕은 이 파괴적 충동을 억제하고 승화시키려는 문명의 노력이다. 프로이트는 이렇게 말했다. "인류 문명의 운명은 에로스가 그의 영원한 적수인 죽음에 맞서 자신을 주장할 수 있는지에 달려 있다." 현대 사회는 전례 없는 물질적 풍요를 이루었지만 동시에 전례 없는 자기 파괴적 경향도 보이고 있다. 환경 파괴, 핵무기 개발, 지속 불가능한 소비 패턴은 모두 집단적 타나토스의 표현이다. 우리는 우리가 의존하는 바로 그 생명 기반을 파괴하고 있다. 이것은 개인 차원의 자기 파괴가 종(種) 차원으로 확대된 것이다.

그렇다면 해답은 무엇인가? 프로이트는 명확한 해답을 제시하지 않았다. 그는 인간 조건의 근본적 비극성을 인정했다. 우리는 삶과 죽음, 창조와 파괴의 영원한 투쟁 속에 놓여 있으며, 이 투쟁에서 완전히 벗어날 수 없다. 그러나 절망할 필요는 없다. 인식 자체가 힘이기 때문이다. 우리가 타나토스의 존재를 인정하고 이해할 때 우리는 그것에 맹목적으로 휩쓸리지 않을 수 있다. 우리는 의식적으로 에로스의 편에 설 수 있다. 사랑하고, 창조하고, 연결하고, 돌보는 것을 선택할 수 있다. 이것은 쉬운 선택이 아니다. 매일매일 의식적으로 이루어져야 하는 선택이다. 자기 파괴적 충동을 느낄 때마다 그것을 인식하고 다른 선택을 하는 것이다. 작은 선택들이 모여 삶의 방향을 결정한다.

지금 이 순간에도 선택할 수 있다. 자신을 해치는 습관을 계속할 것인가, 아니면 건강한 대안을 선택할 것인가? 자기 비난의 목소리에 굴복할 것인가, 아니면 자기 연민과 이해의 목소리를 키울 것인가? 파괴적인 관계를 유지할 것인가, 아니면 용기 있게 끝낼 것인가? 이런 선택들은 죽음과 삶 사이에 끊임없이 존재한다. 우리는 매번 삶을 선택하는 것이다. 이것이 쉽지 않다는 것을 우리는 안다. 때로는 파괴가 더 쉽고 유혹적으로 느껴진다. 그러나 우리는 충동이 아니라 의지로 살아가는 존재다. 본능을 넘어설 수 있는 의식을 가진 존재다. 이 의식을 사용하는 것이다. 우리의 타나토스를 인식하고 수용하고 전환하는 것이다. 그것을 파괴가 아니라 변화의 힘으로 만드는 것이다.

프로이트의 죽음 본능 이론은 우리에게 불편한 진실을 들이민다. 우리는 우리가 생각하는 것만큼 합리적이지도, 선하지도, 생명을 사랑하지도 않는다. 우리 안에는 어둠이 있고, 파괴성이 있고, 죽음을 향한 끌림이 있다. 이것을 부정하는 것은 우리를 더 위험하게 만들 뿐이다. 인정하고 직면할 때 우리는 비로소 그것을 다룰 수 있게 된다. 우리 안의 타나토스를 두려워하지 않아도 된다. 그것은 우리의 적이 아니라 우리의 일부다. 그것을 인지하고 이해하며 통합하는 것이다. 그럴 때 우리는 진정으로 온전한 인간이 되며 진정으로 자유로운 선택이 가능해진다. 이것이 바로 프로이트가 우리에게 남긴 가장 깊은 지혜다. 어둠을 직시하는 용기, 그것이 빛으로 가는 유일한 길이다.

"어둠을 직시하는 용기,
그것이 빛으로 가는 유일한 길이다."

보이지 않는 나를 찾아가는 여정

"자신에게 완전히 정직해지는 것은 좋은 훈련이다."

— 프로이트, 빌헬름 플리스에게 보낸 편지

무의식의 발견부터 꿈의 의미, 어린 시절의 영향, 방어 기제, 전이와 투사, 그리고 말하기의 치유력까지. 우리는 프로이트와 함께 마음의 깊은 곳을 탐험해왔다. 이제 마지막 질문 앞에 서 있다. "그래서, 나는 누구인가?"

프로이트 자신도 이 질문과 평생을 씨름했다. 1897년, 그는 자신을 대상으로 본격적인 자기 분석을 시작했다. 세계적인 정신분석가도 자신의 무의식 앞에서는 한 명의 탐험가에 불과했다. 그는 친구 플리스에게 보낸 편지에서 이렇게 썼다. "나의 자기 분석은 현재 내게 가장 본질적인 것이며, 끝까지 도달한다면 가장 큰 가치가 될 것이라 약속한다." 자신을 안다는 것은 프로이트에게도 쉽지 않은 과제였다. 이것은 의식의 표면에 떠오른 생각과 감정만을 아는 것이 아니다. 그것은 무의식의 깊은 바닷속에 감춰진 욕망과 두려움, 억압된 기억과 숨겨진 동기까지 포함한 전체 자기를 이해하는 것을 의미한다. 이는 단순한 자기 성찰이 아니라 용기 있는 자기 직면이며, 끝이 없는 여정이자 평생의 과제다.

지금 자신을 얼마나 알고 있는가? 많은 사람들이 자신을 충분히 안다고 믿는다. 자신의 성격, 선호, 가치관, 장단점을 알고 있다고 생각한다. 그러나 프로이트의 발견은 우리에게 불편한 진실을 알려준다. 우리가 의식적으로 인식하는 자기는 빙산의 일각에 불과하다는 것이다. 거대한 무의식의 영역이 우리의 생각과 감정, 선택과 행동을 수면 아래에서 조종하고 있다. 특정 사람에게 느끼는 불편함, 반복되는 관계 패턴, 설명할 수 없는 불안, 이유 모를 저항, 이 모든 것에는 우리 자신도 모르는 무의식적 이유가 있다. 진정한 자기 인식은 이 보이지 않는 영역을 탐색하는 용기에서 시작된다.

자기 인식의 가장 큰 장애물은 자신을 이미 안다는 착각이다. 우리는 자신에 대한 일관된 이야기를 만들어내고 그것을 진실이라고 믿는다. '나는 이런 사람이야'라는 자기 개념은 편안하고 안전하다. 그것은 혼란스러운 세상에서 정체성의 닻을 제공한다. 그러나 이 고정된 자기 이미지는 종종 방어적 구조물이다. 받아들이기 힘든 자신의 측면을 배제하고 왜곡하게 만든다. 자신을 '친절한 사람'이라고 믿는다면 내면의 공격성과 적대감을 인정하기 어렵다. '강한 사람'이라는 정체성은 취약함과 의존 욕구를 억압한다. 진정한 자기 인식은 이 방어적 자기 이미지를 해체하고 더 완전하고 복잡한 자신을 발견하는 과정이다. 우리는 자신이 생각하는 것보다 훨씬 더 복잡하고 다층적인 존재다. 그 복잡성을 받아들여보자.

자신의 어두운 면을 직면하는 것은 고통스럽다. 우리는 모두 인정하고 싶지 않은 부분을 가지고 있다. 질투, 시기, 증오, 탐욕, 비겁함, 이기심, 이런 감정들은 '좋은 사람'이라는 자기 이미지와 충돌한다. 그래서 우리는 이것들을 무의식 깊숙이 억압하고 부인한다. 그러나 프로이트가 가르쳐준 것처럼 억압된 것은 사라지지 않는다. 그것은 어둠 속에서 더 강력한 힘을 얻어 증상과 반복으로 돌아온다. 인정하지 않는 분노는 우울증이나 수동공격적 행동으로 나타난다. 부인하는 두려움은 불안 장애가 된다. 회피하는 욕망은 강박 증상으로 변형된다. 진정한 치유는 이 어두운 면을 빛 속으로 끄집어내어 직면하는 데서 시작된다. 나의 그림자를 인정해보자. 그것을 받아들일 때 비로소 통합이 가능하다.

자기 인식은 자신의 문제를 아는 것에 그치지 않는다. 그것은 왜 그런 문제가 생겼는지, 어떤 무의식적 기능을 하는지, 어떤 미해결 과거와 연결되어 있는지를 이해하는 것이다. 친밀한 관계에서 반복적으로 겪는 갈등은 우연이 아니다. 그것은 어린 시절 애착 패턴의 재연일 수 있다. 설명할 수 없는 불안은 의식하지 못하는 억압된 갈등의 신호다. 완벽주의는 가혹한 초자아의 작동이며, 그 뒤에는 사랑받고 인정받고자 하는 어린아이의 절실한 욕구가 숨어 있다. 증상은 메시지다. 그것은 무의식이 보내는 편지다. 그 편지를 읽어야 한다. 증상을 그저 제거하려고 하지 말고 그것이 무엇을 말하려는지 귀 기울여보자. 모든 문제는 의미를 지니고 있다.

자기 인식의 여정에서 가장 중요한 도구는 정직함이다. 자신에게 완전히 정직해지는 것은 생각보다 훨씬 어렵다. 우리는 끊임없이 자신을 합리화하고 정당화한다. 불편한 진실을 부드러운 거짓말로 포장한다. '나는 그 사람이 싫은 게 아니라 그냥 바빠서 연락 안 한 거야.' '나는 두려운 게 아니라 신중한 거야.' '나는 질투하는 게 아니라 정당하게 화가 난 거야.' 이런 합리화는 일시적으로 자존감을 보호하지만 진정한 자기 이해를 방해한다. 자신에게 정직해지자. 불편한 감정을 있는 그대로 인정해보자. '나는 지금 질투한다.', '나는 지금 두렵다.', '나는 지금 화가 났다.' 이와 같은 솔직한 인정이 변화의 시작이다. 감정을 판단하지 말고 관찰해보자. 나의 모든 감정은 받아들여질 자격이 있다.

자기 탐색에서 저항을 만나는 것은 자연스럽다. 프로이트는 저항이 가장 강한 곳에 핵심이 있다고 강조했다. 특정 주제나 기억을 떠올리기 주저한다면 바로 그것이 탐색해야 할 영역이다. 특정 감정을 느끼는 것을 강하게 거부한다면 그것이야말로 직면해야 할 감정이다. 저항은 방어 기제의 작동이다. 그것은 우리를 보호하려는 무의식의 시도다. 그러나 과도한 방어는 성장을 막는다. 저항을 느낄 때 멈추지 말자. 오히려 더 깊이 들어가보자. '왜 나는 이것을 생각하기 싫어할까? 왜 이 감정이 그렇게 위협적일까?' 저항은 지도다. 그것은 가야 할 방향을 가리킨다. 불편함을 피하지 말고 그 속으로 들어가보자. 변화는 편안한 곳이 아니라 불편한 경계에서 일어난다.

자기 인식은 고립된 개인의 작업이 아니다. 우리는 타인과의 관계 속에서 자신을 발견한다. 타인은 나의 거울이다. 타인에게서 강하게 반응하는 것은 자신의 투사일 수 있다. 누군가를 싫어한다면 그 사람이 나의 억압된 측면을 반영하는 것은 아닌지 물어보자. 누군가에게 이상적으로 매료된다면 스스로에게 허락하지 않은 자질을 그 사람에게서 보는 것은 아닌지 고려해보자. 또한 중요한 타인의 피드백을 경청해보자. 여러 사람이 나에 대해 같은 말을 한다면 그것은 진지하게 고려할 가치가 있다. 물론 타인의 평가를 비판 없이 받아들여서는 안 된다. 그것도 그들의 투사일 수 있다. 그러나 완전히 무시해서도 안 된다. 관계는 자기 인식의 실험실이다. 나의 상호작용 패턴을 주의 깊게 관찰해보자.

진정한 통찰의 순간은 강렬하다. 갑자기 퍼즐 조각이 맞춰지고 지금까지 이해하지 못했던 것이 선명하게 보인다. '아, 그래서 내가 항상 그런 행동을 했구나.', '아, 그것이 바로 이것 때문이었구나.' 이 순간은 해방감을 선사한다. 오랫동안 나를 지배했던 무의식적 패턴이 의식의 빛 아래 드러난다. 그러나 프로이트는 우리에게 중요한 사실을 상기시킨다. 통찰만으로는 충분하지 않으며, 아는 것과 변하는 것은 다르다. 통찰은 순간적으로 찾아오지만 진정한 변화는 오랜 시간에 걸쳐 점진적으로 일어난다. 오래된 패턴은 쉽게 사라지지 않는다. 그것은 수십 년 동안 형성된 신경 경로이고 익숙한 심리적 습관이다. 통찰 이후에도 여전히 같은 실수를 반복할 것이다. 그러나 이제는 그것을 알아차릴 것이다. 그 알아차림이 중요하다. 점차 더 빨리 알아차리게 되고, 더 자주 다르게 선택할 수 있게 된다. 변화는 단숨에 이루어지지 않는다. 인내하자.

자기 인식의 과정에서 자기비판과 자기 연민의 균형이 필요하다. 한편으로 자신의 문제를 정직하게 직면해야 한다. 회피하거나 합리화해서는 안 된다. 그러나 다른 한편으로 자신을 가혹하게 비난해서는 안 된다. 초자아의 처벌적 목소리가 너무 크면 탐색 자체가 고통스러워져 방어가 더 강화된다. 자신에게 연민을 가져보자. 나의 문제와 증상, 방어 기제는 한때 나를 보호하기 위해 필요했던 것이다. 그것은 견딜 수 없는 고통에 대처하는 최선의 방법이었다. 비록 지금은 더 이상 유용하지 않더라도 그것이 존재했던 이유를 이해해보자. 나는 생존하기 위해 최선을 다했다. 과거의 나에게 감사하자. 그리고 이제는 더 건강한 방식을 배울 준비가 되었다고 말해보자. 성장은 자기 공격이 아니라 자기 이해에서 온다.

일상생활에서 자기 인식을 실천하는 구체적인 방법들이 있다. 먼저, 자신의 반응을 관찰하는 습관을 길러보자. 특정 상황에서 강한 감정적 반응이 일어날 때 잠시 멈추고 물어보자. '왜 나는 이렇게 강하게 반응할까? 이 반응이 지금 상황에 비례하는가? 이것이 과거의 무엇을 촉발시키는가?' 두 번째로, 꿈을 기록해보자. 프로이트가 말했듯이 꿈은 무의식으로 가는 왕도다. 깨어나자마자 꿈을 적고 그 속의 상징과 감정을 탐색해보자. 세 번째로, 반복되는 패턴을 찾아보자. 같은 유형의 갈등이 반복되는가? 같은 종류의 사람들에게 끌리는가? 이 반복은 무의식이 보내는 메시지다. 네 번째로, 글쓰기를 활용해보자. 판단 없이 자유롭게 자기 생각과 감정을 쓰는 것은 강력한 자기 탐색 도구다. 글을 쓰면서 의식하지 못했던 것을 발견하게 된다. 이런 실천들을 일상에 통합해보자.

그렇다면 일상에서 자기 인식을 어떻게 실천할 수 있을까? 거창한 것이 아니다. 작은 습관들이 모여 깊은 변화를 만든다. 우리는 꿈이 무의식의 언어라는 것을 배웠다. 말실수와 망각 속에 숨겨진 의미를 읽는 법을 알게 되었다. 저항이 나타날 때 그것이 중요한 신호라는 것을, 반복되는 패턴 속에 미해결 과제가 있다는 것을 이해하게 되었다. 이제 남은 것은 이 앎을 삶 속에서 실천하는 것이다. 거창하게 시작할 필요는 없다. 하루에 단 몇 분이라도 자신의 내면을 들여다보는 시간을 가져보자. 오늘 유독 마음에 걸렸던 순간이 있었는가? 설명하기 어려운 감정이 스쳐 지나갔는가? 그것을 그냥 흘려보내지 말고 잠시 머물러보자. '이 감정은 어디서 온 것일까?' 이 단순한 질문 하나가 무의식의 문을 두드리는 첫 번째 노크다. 중요한 것은 완벽함이 아니라 꾸준함이다. 매일 조금씩, 자신에게 정직해지는 연습을 해보자. 처음에는 어색하고 불편할 것이다. 보고 싶지 않은 것을 보게 될 수도 있다. 그러나 그 불편함 속에서 진짜 나를 만나게 된다. 프로이트도 자기 분석을 평생에 걸쳐 이어갔다. 우리도 서두르지 않아도 된다. 이 여정에는 마감 기한이 없다.

자기 인식의 여정에는 도움이 필요하다. 혼자서 자신의 모든 무의식을 탐색하기는 불가능하다. 정의상 무의식은 우리가 볼 수 없는 것이다. 신뢰할 수 있는 타인의 관점이 필요하다. 이것이 프로이트가 정신분석 치료를 발전시킨 이유다.

치료자는 훈련받은 제삼자로서 우리가 보지 못하는 것을 볼 수 있다. 전이와 역전이를 통해 무의식적 패턴이 치료 관계에서 재연되고 이것을 함께 탐색할 수 있다. 물론 모든 사람이 정신분석 치료를 받을 필요는 없다. 그러나 어떤 형태로든 깊은 자기 탐색을 위한 지원이 도움이 된다. 상담, 멘토링, 깊이 있는 우정, 자기계발 그룹, 이런 관계들에서 안전하게 자신을 드러내고 피드백을 받을 수 있다. 고립되어 있지 말자. 도움을 구하는 것은 약함이 아니라 용기다.

자기 인식은 목적지가 아니라 여정이다. 자신을 완전히 알게 되는 날은 오지 않는다. 인간은 너무 복잡하고 끊임없이 변화하는 존재이기 때문이다. 어제 발견한 것은 오늘 새로운 층위를 드러낼 것이다. 해결했다고 생각한 문제는 다른 형태로 다시 나타날 것이다. 이것은 좌절이 아니라 삶의 본질이다. 자기 인식은 평생에 걸친 나선형 과정이다. 같은 주제를 더 깊은 수준에서 반복해서 탐색하게 된다. 어린 시절의 상처, 핵심적인 두려움, 근본적인 욕구, 이런 것들은 평생 우리와 함께 있다. 그러나 그것들을 다루는 방식은 성숙해진다. 처음에는 완전히 무의식적이었던 것이 알아차림의 대상이 된다. 나중에는 이해의 대상이 되고, 마침내 연민의 대상이 된다. 이것이 성장이다. 완벽함을 기대하지 말고, 과정을 신뢰하자.

자기 인식은 우리를 자유롭게 만든다. 무의식적으로 작동하는 패턴은 우리를 자동 조종 상태로 만든다. 선택한다고 믿지만 실제로는 프로그래밍된 반응을 반복할 뿐이다. 그러나 무의식적 패턴을 의식화하면 선택의 가능성이 열린다. 여전히 같은 충동을 느끼지만 이제 그것에 자동으로 반응하지 않을 수 있다. 멈추고, 관찰하고, 다르게 선택할 수 있다. 이것이 자유다. 충동이 없어지는 것이 아니라 충동과 자신을 동일시하지 않게 되는 것이다. "나는 화가 난다."가 아니라 "나는 분노를 경험하고 있다."가 된다. 이 작은 거리가 자유의 공간을 만든다. 자기 인식은 우리에게 선택의 힘을 돌려준다. 우리는 더 이상 과거의 희생자가 아니다. 우리는 현재의 창조자다.

이 여정은 쉽지 않다. 자신의 어둠을 직면하고, 방어를 내려놓고, 불편한 진실을 받아들이는 것은 용기를 요구한다. 때로는 모르는 것이 더 편할 것 같다. 그러나 프로이트가 가르쳐준 것처럼 억압된 것은 사라지지 않는다. 모르는 것은 우리를 보호하지 못한다. 오히려 보이지 않는 곳에서 삶을 지배한다. 진정한 안전은 앎에서 온다. 통제는 의식화에서 온다. 자유는 이해에서 온다. 이 여정을 오늘 당장 시작해보자. 그리고 자신에게 물어보자. "나는 정말 나를 아는가? 내가 보지 못하고 있는 것은 무엇인가? 내가 회피하고 있는 것은 무엇인가?" 이 질문들이 우리를 더 깊은 곳으로 이끌 것이다.

자신에게 완전히 정직해지는 것은 좋은 훈련이다. 자신을 더 깊이 이해할수록 더 자유롭고 진정성 있게 살 수 있다. 관계는 더 깊어지고, 선택은 더 의식적으로 변하고, 고통은 의미를 얻게 된다. 자기 인식은 자기 중심성이 아니다. 오히려 그것은 타인을 더 깊이 이해하고 연결되는 능력을 키운다. 자신의 무의식을 이해하는 사람은 타인의 무의식도 이해할 수 있다. 자신의 방어 기제를 아는 사람은 타인의 방어에 연민을 가질 수 있다. 자신의 상처를 직면한 사람은 타인의 상처에 공감할 수 있다. 자기 인식은 세상을 변화시키는 가장 근본적인 방법이다. 내가 변하면 세상이 변한다. 이 끝없는 여정을 받아들이자. 매일 조금씩 더 깊이 자신을 알아가자. 이것이 가장 의미 있는 삶의 작업이다.

"나를 모르면 끌려가고,

나를 알면 선택할 수 있다."

오늘은 프로이트

초판 1쇄 발행 2025년 12월 30일

지은이	지그문트 프로이트
엮은이	안이현
제작	(주)지에이아이시스템
기획	이소연
편집 및 디자인	이나윤

출판등록	제2024-000017호
주소	서울시 동작구 양녕로 265, 3층
홈페이지	http://luminarybooks.co.kr
펴낸곳	뜻채
ISBN	979-11-429-4340-6 03160

- 책값은 뒤표지에 표기되어 있습니다.
- 인쇄 불량이나 파손 등 이상이 있는 도서는 구입하신 서점에서 교환해 드립니다.

뜻채는 생각이 머무는 작은 집을 책으로 짓는 출판사입니다.
우리가 만드는 책 한 권이 여러분의 생각에 오래 머무는 작은 쉼터가 되기를 꿈꿉니다.
제휴 및 기타 문의 luminary@gaisys.com